RENATO NOGUERA

POR QUE AMAMOS

O QUE OS MITOS E A FILOSOFIA TÊM A DIZER SOBRE O AMOR

RENATO NOGUERA

POR QUE AMAMOS

O QUE OS MITOS E A FILOSOFIA TÊM A DIZER SOBRE O AMOR

Rio de Janeiro, 2024

Copyright © 2020 por Renato Noguera
Todos os direitos desta publicação são reservados à Casa dos Livros Editora LTDA.
Nenhuma parte desta obra pode ser apropriada e estocada em sistema de banco de dados ou processo similar, em qualquer forma ou meio, seja eletrônico, de fotocópia, gravação etc., sem a permissão do detentor do copyright.

Diretora editorial: *Raquel Cozer*
Coordenadora editorial: *Malu Poleti*
Editora: *Diana Szylit*
Edição de texto: *Clarissa Melo*
Copidesque: *Luiza Del Monaco*
Revisão: *Laila Guilherme*
Capa: *Mauricio Negro*
Projeto gráfico, diagramação e ilustração: *Caio Cardoso*

DADOS INTERNACIONAIS DE CATALOGAÇÃO NA PUBLICAÇÃO (CIP)
Angélica Ilacqua CRB-8/7057

N699p

    Noguera, Renato
      Por que amamos : o que os mitos e a filosofia têm a dizer sobre o amor / Renato Noguera. — Rio de Janeiro : HarperCollins Brasil, 2020.
      208 p.: il.

Bibliografia
ISBN 978-85-9508-707-1

1. Amor 2. Mitologia 3. Mitologia africana 4. Filosofia I. Título.

20-1411   CDD 299.6113
                                                                          CDU 292(6)

Os pontos de vista desta obra são de responsabilidade de seu autor, não refletindo necessariamente a posição da HarperCollins Brasil, da HarperCollins Publishers ou de sua equipe editorial.

Rua da Quitanda, 86, sala 601A — Centro
Rio de Janeiro, RJ — cep 20091-005
Tel.: (21) 3175-1030
www.harpercollins.com.br

Para Carla

SUMÁRIO

Prefácio, 9

1. O caminho do amor, 19

2. Amar como sobrevivência, 37

3. Amar é contar histórias, 51

4. O amor policonjugal, 63

5. Quando Adão conheceu Eva, 81

6. O amor platônico, 97

7. Do amor romântico ao poliamor, 111

8. O presente do amor, 129

9. Vitória-régia, 143

10. A verdadeira face do amor, 155

11. O amor e o ciúme, 171

Conclusão, 185

Referências bibliográficas, 199

PREFÁCIO

Um mergulho no amor

Djamila Ribeiro
FILÓSOFA E ESCRITORA

Acredito que a maioria das pessoas tenha uma ideia do que é o amor. Falamos sobre o que entendemos ser o amor, criticamos escolhas alheias, olhamos com desconfiança para outras. Até podemos ser mais tímidos ou discretos, mas sempre falamos. Frases de amor já foram figurinhas de bala, papel de carta, adesivos de caderno. De ditados populares como "O amor é cego" a gritos de guerra feministas – "Quem ama não mata, não humilha e não maltrata" –, seja por senso comum ou para refutar uma ideia compulsória de amor, esse é um dos temas mais falados.

Nas comédias românticas, pode envolver a mulher sempre em busca do parceiro ideal; nas canções,

o fato de ser inalcançável ou o fazer de tudo para
ter a pessoa de volta. Falamos tantas vezes do
amor sem refletir sobre os motivos pelos quais
entendemos esse sentimento de uma dada
maneira que já até naturalizamos isso. Com as
canções e suas "metade da laranja", seus "não
sou nada sem você", com as comédias românticas
e os contos de fadas, aprendemos que a vida só
faz sentido se acompanhada. A princesa sempre
precisa de um príncipe salvador, o vilão está
sempre tentando arruinar o plano de "felizes
para sempre" e as bruxas são invejosas mal-
-amadas. A solidão é castigada e o único
propósito, sobretudo na vida de uma mulher,
é ser desejada. Crescemos acreditando em
príncipes encantados, no amor eterno e no
quanto para manter um amor é preciso sacrifício.
Aprendemos que as mães amam naturalmente
seus filhos e, justamente por isso, nos chocamos
se presenciamos abandono materno. Lembro que
uma vez, em um trabalho da faculdade, escrevi
a seguinte frase: "O que se pensa amado não é
o amante. Tudo é uma questão de nominalismo".
Será que eu estava correta?

Simone de Beauvoir, em *O segundo sexo*,[1] afirma que não podemos discutir a condição feminina em termos de felicidade, posto que a felicidade, em uma sociedade pautada pelo machismo, também é ideologia. Existirão crenças segundo as quais a mulher somente será feliz se atender aos desejos do homem. E um desses desejos é que seja musa, objeto de amor e desejo, é que seja o *outro*, para usarmos o termo da filósofa francesa. Só assim o homem será capaz de amá-la, e, sendo amada, ela será feliz. E tem um lado perigoso disso tudo: se, para uma mulher, ser feliz significa ter um homem ao lado, o que acontece se, mesmo comprometida, ela não conseguir exprimir felicidade? Talvez seja chamada de louca, frígida, insensível. Sartre e Simone de Beauvoir afirmavam que seus amantes eram amores contingentes e que o amor entre eles era o amor necessário.

---

[1] BEAUVOIR, Simone de. *O segundo sexo*. Rio de Janeiro: Nova Fronteira, 2019.

Em tempos de redes sociais, o debate sobre "amor não tem cor" pode gerar grandes polêmicas. Ora, se alguns argumentam que não se pode escolher quem se ama, uma pesquisa do IBGE[2] mostra que as mulheres negras são as que mais se encontram no chamado "celibato definitivo", que nunca viveram com cônjuge. A própria ideia de "sensualidade" imposta às mulheres negras pode fazer com que elas não sejam vistas como pessoas a serem amadas, mas apenas objeto de relações casuais e esporádicas.

Já Toni Morrison, em *O olho mais azul*,[3] vai dizer que o amor nunca é melhor que o amante. Segundo a escritora, "Quem é mau, ama com maldade, o violento ama com violência, o fraco ama com fraqueza, gente estúpida ama com estupidez". O amor não seria algo maior do que a pessoa, ou um sentimento involuntário

---

2 VIEIRA, Isabela. Pesquisa mostra que raça é fator predominante na escolha de parceiros conjugais. *EBC*, 17 out. 2012. Disponível em: <www.ebc.com.br/2012/10/pesquisa-mostra-que-raca-e-fator-predominante-na-escolha-de-parceiros-conjugais>. Acesso em: 28 fev. 2020.
3 MORRISON, Toni. *O olho mais azul*. São Paulo: Companhia das Letras, 2019.

sem a responsabilização de quem o tem ou sente; aqui, não haveria a possibilidade de uma transcendência por conta de um "sentimento nobre e lindo"; ele seria externado tão somente a partir do que o sujeito é.

Para muitas autoras feministas, o amor é construção social, e o casamento, expressão hierárquica do amor. O babalorixá Rodney William dirá que o amor é o mais profundo axé.

Renato Noguera realiza, de forma brilhante, uma verdadeira investigação genealógica sobre o amor. Seria o amor construção social? Ideologia? Conexão ancestral? Como ele aparece em diferentes sociedades? O que pensadores, filósofos escreveram sobre ele? De preservação da espécie humana, passando por manutenção de riquezas, ao amor como sobrevivência, Noguera nos brinda com uma pesquisa ampla e múltipla sobre o tema. *Por que amamos* é um importante ensaio que nos faz conhecer diversas abordagens sobre o amor a partir de mitologias tanto europeias quanto indígenas e africanas.

Amor platônico, poliamor, amor que envolve a comunidade, amor romântico são alguns dos tópicos que Noguera trata com leveza, sem pressa nem julgamentos. A pesquisa realizada pelo autor, partindo de tantas premissas e geografias distintas, faz da obra um monumental estudo sobre o amor.

Noguera nos proporciona um mergulho profundo e nos instiga a refletir sobre o assunto sem esgotá-lo – nem é esta sua pretensão. Por certo, trará incômodos para aqueles e aquelas que já possuem uma ideia preestabelecida ou fixa. Penso que o objetivo da obra seja descortinar, deslocar, trazer a multiplicidade que nos inquieta e nos impele a sair do lugar. Ao mesmo tempo, nos mostra a importância do amor-próprio para a construção de um amor coletivo, que envolve contar boas histórias e romper a ideia de incompletude. Neste último caso, reside um importante desejo por liberdade, emancipação da ideia de amor como dependência. Na mesma linha, o autor mostra como não há uma lei universal para todos os relacionamentos, rompendo com nossa tendência em homogeneizar e pensar a partir das nossas métricas. O amor pode ser inebriante, ausente de apego, sentido em conjunto, pode ser *amores*, no plural.

Afinidades, atração sexual, interesses em comum, compatibilidade psicológica, projeto de relacionamento, capacidade de conviver, motivos de estresse são fatores colocados por Noguera como importantes para entendermos por que amamos uns e não outros. E assim *Por que amamos* nos faz refletir sobre nossas próprias escolhas: afinal, foram mesmo escolhas? Ou teriam sido contingências?

Talvez nessas perguntas resida o ponto fundamental do livro: amar é um ato político.

CAPÍTULO 1

O CAMINHO DO AMOR

Por séculos, as alianças entre povos, territórios e culturas foram realizadas através de casamentos pré-arranjados com interesses puramente políticos. E não raro encontramos descritos em livros de história fracassos e frustrações amorosas, além de paixões proibidas, que inevitavelmente se originavam da dinâmica que regia as uniões matrimoniais.

Alguns casos, entretanto, escapam a essa narrativa, como o bem-sucedido casamento, em 1234, entre Luís IX, da França, e Margarida da Provença, a filha mais velha de Beatriz de Saboia e do conde Raimundo Berengário IV da Provença e de Forcalquier.

O casamento foi arranjado pela então rainha regente da França, Branca de Castela, quando o filho ainda não tinha atingido a maioridade para assumir o trono, e sua intenção nada mais era do que agregar Provença ao reinado francês. Raimundo Berengário IV, por sua vez, como não tinha um filho varão, viu no casamento de sua primogênita com o futuro rei da França uma opção de estabilidade para seu condado.

O início do casamento entre Luís IX e Margarida foi marcado pela insistente presença da rainha-mãe na relação do casal, que não abandonou a posição e a influência política mesmo depois de o filho ter atingido a maioridade e deixava-os a sós apenas durante à noite, quando todos se recolhiam para seus aposentos. Mas essa parece ter sido a única inconveniência na vida do casal: ambos entendiam suas funções políticas e compreenderam desde o princípio a importância de deixar de lado alguns interesses e desejos pessoais para cumprir o papel social e político em que acreditavam. Juntos, tiveram onze filhos, e há muitos relatos de cronistas e confessores da época detalhando o carinho e o respeito que tinham um pelo outro.[1]

---

1 LE GOFF, Jacques. *São Luís*. Rio de Janeiro: Record, 1999.

Histórias como a de Luís IX e Margarida da Provença não são as que necessariamente colorem nosso imaginário sobre o amor – não têm aquele romantismo voraz que invade nossos dias por meio de filmes, novelas e livros. E por que será que é assim? Por que, quando pensamos em amor, já descartamos da cena os casamentos arranjados?

Afinal, o que é o amor? Seria uma forte amizade? Uma paixão incontrolável? Será que o amor verdadeiro existe? É possível encontrá-lo? Se você abriu este livro, provavelmente está se fazendo essas e muitas outras perguntas.

Em 1997, a filósofa burquinense Sobonfu Somé publicou um livro chamado *O espírito da intimidade*,[2] no qual lança uma luz sobre esse sentimento. Em primeiro lugar, por ser proveniente do povo dagara, do oeste da

---

[2] SOMÉ, Sobonfu. *O espírito da intimidade*: ensinamentos ancestrais africanos sobre maneiras de se relacionar. São Paulo: Odysseus, 2007.

África, a visão de Somé é muito diferente da nossa tradição ocidental. Para ela, a garantia de bem-estar não é uma responsabilidade individual: a harmonia da vida depende dos outros, que nos ajudam a encontrar nosso caminho.

Por isso, Somé defende que o amor é uma emoção coletiva, que exige que o ego fique de lado. De acordo com os dagara, amar é *escutar*. É preciso aprender a ouvir as próprias necessidades, mas também as da pessoa amada e as exigências da intimidade. Para conhecer o amor, é necessário, antes de tudo, conhecer a si mesmo e ao outro.

O problema é que muitas vezes acreditamos que o motor do amor é a paixão. Cultivamos uma sensibilidade romântica que toma esse afeto quase como uma doença do corpo, cujos sintomas são falta de ar, borboletas no estômago e calafrios na espinha. Imaginamos cenas de comédias românticas em que o mocinho corre atrás da amada, a enlaça em um beijo tenro e então eles vivem felizes para sempre.

Para Somé, isso é um erro gravíssimo. E, de fato, se pararmos para pensar, quantos relacionamentos não fracassam mesmo quando duas pessoas são muito apaixonadas uma pela outra? A filosofia dagara enxerga as coisas de outra maneira: se o conhecimento é a base do amor, a paixão é o seu ápice. E o segredo é percorrer o caminho entre os dois pontos.

Em outras palavras, o amor é como uma montanha. O ato de amar é a aventura existencial de escalá-la devagar com alguém do nosso lado. Ao longo da jornada, nos aproximamos cada vez mais do outro, passando a conhecê-lo mais e melhor. Para os dagara, mais do que viver um romance, amar é um *percurso de intimidade*.

Por isso, é absurdo acreditar que a paixão seja o suporte de um relacionamento. Escorar uma relação na paixão seria o equivalente a começar a trajetória pelo topo da montanha: só restaria, então, descê-la. A pessoa amada rapidamente deixaria de ser atraente, inteligente e interessante para ser tida como insuportável. A relação, que antes parecia boa, bonita e verdadeira, viria a se tornar fonte de desentendimento e frustração. Um belo dia, você acordaria ao lado de um estranho. E quantos de nós não terminamos o relacionamento com alguém porque acreditamos ter descoberto uma face horrível daquele a quem amávamos?

Encarar o outro somente como um objeto da paixão é um enorme obstáculo para uma conexão amorosa autêntica e profunda. Somé nos ensina que o amor não é a busca egoísta por prazer e beleza exterior. O ser amado não existe para satisfazer nossas fantasias. Isso não significa que não podemos nos encantar com a aparência e as diversas sensações que o outro pode nos provocar, mas que o ego e o desejo de controle não podem ser mais importantes do que o elemento fundamental para o florescimento do amor: *o propósito do espírito*.

Toda pessoa é um *espírito* com *propósito*. O espírito é o aspecto invisível e misterioso que nos proporciona a dádiva de viver. É a força vital que emana dos seres vivos, cultivada pela memória, pela ancestralidade e por tudo o que fazemos. Já o propósito é um conjunto de tarefas e missões que precisamos realizar para termos uma vida plena. Só somos felizes quando o realizamos; quando enxergamos um sentido para a vida apesar das adversidades.

Somé ainda nos ensina que é preciso se unir ao ser amado. E aí entra a *intimidade*, nada mais do que o convite de um espírito ao outro para que percorram juntos o caminho em direção à realização de seus propósitos.[3] É uma canção de partilha – e não pode

---

3 Idem, p. 25.

jamais ser ignorada. A intimidade é o *nome verdadeiro* do relacionamento amoroso.

Para a intimidade ser conquistada, é necessário ultrapassar o véu superficial da aparência e enxergar a natureza elementar da pessoa amada. Assim, podemos descobrir se somos compatíveis com aqueles por quem temos atração. Entretanto, precisamos desvelar nossa própria essência antes de qualquer coisa. E este é o primeiro ingrediente para uma relação íntima de sucesso: o *autoconhecimento*.

Na psicologia dagara, há um sistema de elementos-chave que definem aspectos gerais que constituem as pessoas. Cada elemento possui sentidos e funções correspondentes que podem ajudá-lo a se conhecer melhor. Veja o quadro abaixo – qual elemento simboliza melhor a sua alma?

Elemento	Sentido	Função
Fogo	Sonho	Manter a nossa conexão com a ancestralidade.
Água	Paz	Sabedoria e criar condições para reconciliação.

CONTINUA >

< CONTINUAÇÃO

Elemento	Sentido	Função
Terra	Identidade	Localizar-se (multiterritorialmente) e explorar a habilidade de apoiar outras pessoas.
Mineral	Comunicação	Compreender outras pessoas e revitalizar o nosso propósito.
Natureza	Autoconhecimento	Habilidade para enfrentar mudanças e ameaças.

Para confirmar se você está correto, basta checar o ano do seu nascimento. O último dígito informa o primeiro elemento ao qual você pertence – como um signo astrológico. Todo mundo tem um, e a ele estão ligadas as características mais básicas da personalidade humana.

Mas atenção: pessoas do mesmo "signo" podem ter dons diferentes que se expressam de maneiras diversas. Por exemplo, durante um ano do elemento natureza, podem nascer indivíduos destinados a trabalhar com saúde e outros a governar. Uns deverão estudar artes e ciências médicas; os demais, gestão

Roda cosmológica dagara[4]

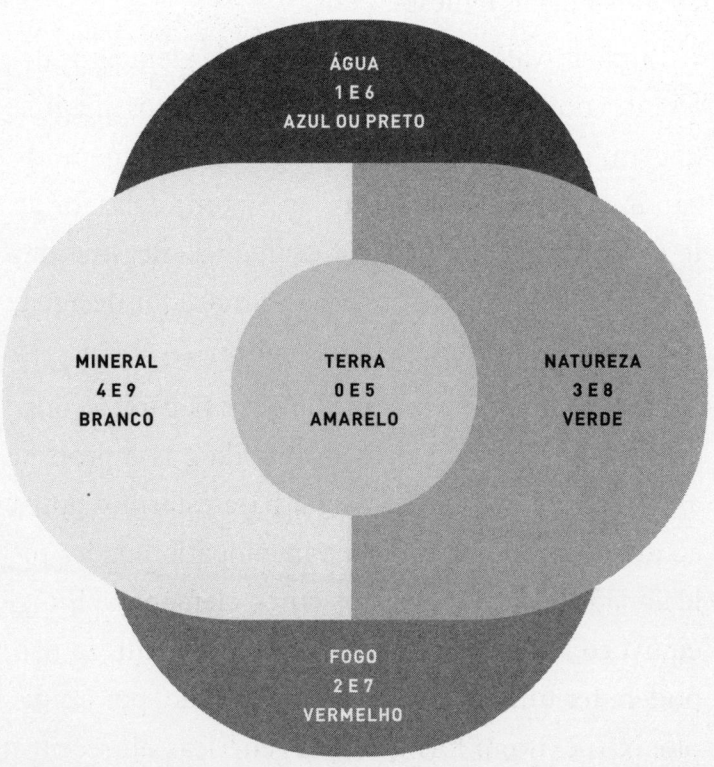

---

4 Fonte: STEPHEN, Drake Bear. *Providing paths to empowerment: transpersonal hypnotherapy, past life regression therapy & shamanic energy medicine*. Disponível em: <www.drakeinnerprizes.com>. Acesso em: 30 out. 2019.

de conflito. De todas as maneiras, eles serão ativos e criativos em suas profissões, aptos a superar desafios circunstanciais e inesperados.

Também vale notar que pessoas de elementos diferentes podem dividir o mesmo propósito. Imagine que ambas possuem talento para ensinar, memorizar, imaginar e contar histórias. Se uma delas for de fogo, contará histórias que ressaltam a ancestralidade e a capacidade de sonhar. Se a outra for de água, focará na reconciliação e no equilíbrio.

De todo modo, segundo a filosofia dagara, a consciência do elemento constituinte da nossa própria alma é um passo fundamental para estarmos aptos ao amor, ainda que não haja incompatibilidades relacionadas às essências dos cinco elementos. É um equívoco supor que pessoas de fogo e natureza não podem ter um casamento bem-sucedido, por exemplo. Não existem formulações genéricas ou receitas prontas. O importante na formação de um par é o autoconhecimento, como você compreende seu propósito ao longo da sua jornada.

Por causa disso, é importante saber que, ainda que haja um signo para cada um, a psicologia dagara nos ensina que, além de trabalhar aspectos do nosso elemento, precisamos viver em harmonia com os demais. Conhecer a si mesmo exige passar necessariamente pelo fogo, pela água, pela terra, pelo mineral e pela natureza. Só assim podemos trilhar o caminho para a intimidade.

Com o fogo, somos capazes de nos conectar com nossos sonhos e nossa ancestralidade. Ele é a consciência de que temos um passado que nos ultrapassa e de que o futuro depende de como enxergarmos o presente. Antes de sabermos para onde ir, é preciso sabermos de onde viemos, nossa história e nossos desejos.

Por meio da água, é possível nos purificarmos e nos sentirmos bem conosco, buscando reconciliação nas disputas da vida. Por exemplo, se você brigar com alguém porque sua expectativa foi frustrada, a água ajuda a se desvencilhar desse sentimento de desapontamento.

A terra permite que o espírito seja capaz de se localizar espacialmente, compreender-se como alguém inserido em um território, com uma identidade. Se uma pessoa nasceu e viveu em uma região tropical, suas experiências são diferentes de quem viveu cercado por neve.

O mineral ensina a escutar outras pessoas e a revitalizar as relações. Dar fim aos ruídos que interferem na comunicação, garantindo que todos se entendam.

Por fim, com a natureza, o espírito compreende que o percurso da vida é dinâmico e que o controle das circunstâncias externas é impossível. O foco da atenção se volta para o próprio espírito. Você não será capaz de prever com certeza se vai chover ou não, mas poderá carregar um guarda-chuva se houver ameaça de tempestade.

Dessa maneira, nós criamos um mapa das nossas potencialidades e as trabalhamos a favor do nosso propósito. Nessa permanente aprendizagem, nossos amantes são como espelhos profundos, que mostram algo que não enxergaríamos se vivêssemos a sós. Ninguém seria capaz de olhar os próprios olhos sem a ajuda de um espelho.

Depois do autoconhecimento, há outro ingrediente fundamental para criar uma relação íntima de sucesso: encontrar soluções para problemas da intimidade com apoio externo. É de extrema importância contar com aliados, o que implica reconhecer que um relacionamento não diz respeito somente ao casal. Sem a ajuda de terceiros, o fracasso e a frustração se tornam recorrentes, e todo o processo de autoconhecimento pode ser ameaçado. Na filosofia dagara, a aldeia inteira deve se envolver na vida dos cônjuges. Amar exige *apoiar* e *ser apoiado* por outras pessoas, inclusive os ancestrais.

Olha que curioso: se desfrutar da intimidade com alguém permite que realizemos nosso propósito, desconectar-se de outros gera um desequilíbrio pessoal que pode ser refletido em toda uma comunidade, principalmente se a pessoa não seguir seu destino.

Agora você já sabe como se preparar para o amor: dois espíritos se unem no que podemos chamar de intimidade, que por sua vez deve ser alimentada para que se mantenha viva.

Para ter uma relação feliz e vivenciar o amor, você precisa estar em um ambiente de amizade e expandir suas aptidões. Ao ser amado, a comunidade apoiará seu percurso, e você será capaz de receber dádivas e oferecer os seus dons mais genuínos. Assim, viverá um relacionamento duradouro e feliz.

O que é o amor? Bom, até aqui podemos afirmar algo que ele *não* é: uma emoção *individual*. Amar é uma travessia que define aspectos centrais da nossa felicidade. Você não será capaz de amar sem antes saber quem você é. Sem ter outras pessoas que deem suporte para a sua vida. Sem conhecer seu propósito. A intimidade está acessível a todos, inclusive a você, desde que mergulhe em si mesmo e tenha disposição para caminhar com outro alguém que nunca o completará, mas que o acompanhará – e fará companhia aos seus defeitos, aos seus medos e às suas esperanças.

CAPÍTULO 2

AMAR COMO SOBREVIVÊNCIA

Em 1950, a mulher que viria a ser o maior símbolo sexual de Hollywood conheceu um dos mais importantes intelectuais americanos da época. Marilyn Monroe ainda não era uma grande estrela, mas Arthur Miller já havia ganhado o prêmio Pulitzer pelo livro *A morte de um caixeiro-viajante*. No dia em que se conheceram, Monroe escreveu em seu diário: "Conheci um homem hoje... Foi *bam*! Como topar em uma árvore. Você sabe, como uma bebida gelada depois de uma febre".

Durante anos, os dois seguiram caminhos em direções opostas. Marilyn teve uma união conturbada com Joe DiMaggio, um jogador de beisebol americano, e Arthur tentava salvar o seu primeiro casamento. Ainda assim, acabaram por trocar inúmeras cartas, nas quais Arthur confessava sua paixão por Marilyn. Em uma delas, chegou a escrever: "Eu acredito que realmente morreria se perdesse você". Em 1956, os dois começaram a ter um caso, quando Miller ainda estava comprometido. Um pouco depois, ele se separou, e então os dois se casaram.

O relacionamento não durou muito. Após cinco anos, Arthur e Marilyn se divorciaram. Até hoje, há quem veja o casamento com estranheza, partindo do princípio de que Marilyn seria fútil demais para o intelectual Arthur – que, por sua vez, seria reservado demais para a extrovertida Marilyn. Mesmo com biografias que revelam o lado sensível e extremamente inteligente da atriz, muita gente fica intrigada com o romance entre os dois. Que interesse em comum poderiam ter que justificasse esse amor?[1]

---

1 ZOLADZ, Lindsay. Marilyn and Miller: Star-crossed Misfits. *The Ringer*, 19 mar. 2018. Disponível em: <www.theringer.com/movies/2018/3/19/17136620/marilyn-and-miller-star-crossed-misfits>; KETTLER, Sarah. Marilyn Monroe and Arthur Miller had an instant connection, but quickly grew apart once married. *Biography*, 7 jun. 2019. Disponível em: <www.biography.com/news/marilyn-monroe-arthur-miller-relationship>. Acesso em: 30 out. 2019.

Se você levasse essa questão a Arthur Schopenhauer, um famoso filósofo alemão do século XIX, e a Robert Wright, jornalista disseminador da psicologia evolucionista, descobriria que o casal Monroe e Miller não é nem um pouco difícil de entender. O amor nada seria além do ímpeto de reprodução e manutenção da espécie humana. Sendo assim, o relacionamento de Marylin e Arthur era igual a outro qualquer.

Em *A metafísica do amor*, Schopenhauer ressalta que o ser humano alimenta um ardente desejo de ocupar a maior quantidade de espaço e viver com o máximo de liberdade – em outras palavras, de se *eternizar*. E que melhor maneira de fazer isso senão por meio da procriação e da geração de descendentes? Para ele, existiria um complô da natureza que aproximaria indivíduos para que eles procriassem. O amor seria, então, um simples instinto animal.

Como Robert Wright explica, a psicologia evolucionista possui uma visão semelhante à de Schopenhauer.[2] Duas pessoas, quando se amam, estão sendo ludibriadas pela força da natureza para que possam criar descendentes. Essa perspectiva se baseia em uma interpretação da teoria da evolução de Charles Darwin. Em todas as espécies animais – inclusive a humana –, os indivíduos buscariam se adaptar aos desafios do ambiente para sobreviver e se reproduzir. Ou seja, o objetivo primordial do amor seria satisfazer o desejo inerente e inconsciente de se realizar por meio da descendência.

Ambas as teorias são contestadas tanto pela ciência quanto pela filosofia contemporânea, porém elas dão algumas pistas importantes para nos aventurarmos no entendimento da experiência amorosa. A questão que se pode levantar aqui é: por que nos atraímos por certas pessoas?

Schopenhauer dizia que há três características que fazem uma pessoa desejar outra: saúde, força e beleza. Esses elementos combinados podem ser

---

2 WRIGHT, Robert. *O animal moral*: por que somos como somos? 9. ed. São Paulo: Campus, 1996.

definidos por uma única palavra – *juventude*. Para ele, durante nossa fase mais jovem, a beleza é muito maior, e as forças reprodutivas, mais intensas. O vigor masculino e a fertilidade feminina transpiram nessa época da vida, o que faz com que a atração seja ainda mais poderosa.

Há alguns dados científicos que parecem concordar, em parte, com Schopenhauer. Por exemplo, na pesquisa de David Buss,[3] foram estudadas 37 culturas do mundo todo. Em todas, as mulheres e os homens em relações heterossexuais pareciam buscar a mesma coisa. As mulheres preferiam homens que pudessem ser bons provedores. E os homens, mulheres capazes de ter filhos.

Segundo a teoria evolucionista, no tempo das cavernas, as mulheres ficavam esperando que os homens caçassem e coletassem alimentos, experiência que, de alguma maneira, deixou uma marca no nosso inconsciente até hoje. Assim, dispositivos de sobrevivência fazem com que procuremos, para sobreviver,

---

3 BUSS, David. Sex differences in human mate preferences. Evolutionary hypotheses tested in 37 cultures. *Behavioral and Brain Sciences*, v. 12, n. 1, p. 1-14, 1989.

certas características em nossos parceiros. Sem saber, somos guiados por critérios inconscientes, mas determinantes, na nossa aproximação ou não de alguém.

Esses pontos de vista, ainda que controversos e reducionistas, indicam que há algo no amor que depende menos da nossa razão do que imaginávamos. Por trás de um ideal romântico, há também um corpo – e seus naturais instintos – cujo funcionamento às vezes ignoramos.

A Antiguidade tinha sua própria maneira de enxergar os impulsos amorosos, uma maneira que dava especial destaque à estética. Para povos antigos, havia uma medida ideal de beleza presente na natureza, descoberta quando da busca pelas dimensões perfeitas de obras de arte e construções. Estabeleceu-se uma relação entre comprimento e largura do rosto de aproximadamente 1,618, o *retângulo de ouro*, também conhecido como a *proporção divina* ou *razão dos deuses*.

De acordo com esse padrão, para um rosto ser idealmente bonito, a distância entre nariz, olhos e boca deveria ser igual à razão áurea. A maquiagem feminina e a barba, no caso dos homens, serviriam para adequá-lo a essa proporção. Quanto mais próxima a aparência de alguém estivesse desse valor matemático, mais bonita e, portanto, atraente a pessoa seria, como se o equilíbrio e a harmonia provenientes da medida explicassem o porquê de elas nos encantarem.

Retângulo de ouro[4]

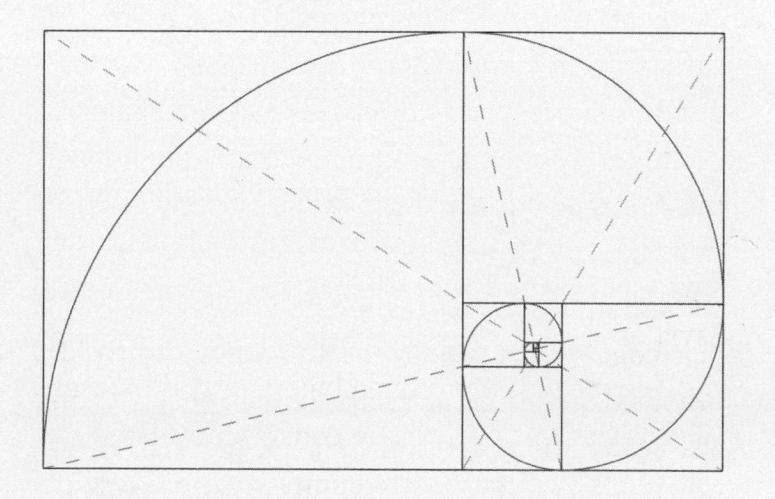

O psicólogo indiano Devendra Singh,[5] grande especialista no significado evolutivo da atração humana, observou que, na maioria das culturas que

---

4 Personline/WikimediaCommons.
5 SINGH, Devendra. Adaptive significance of female physical attractiveness. Role of waist-to-hip ratio. *Journal of Personality and Social Psychology*, v. 65, n. 2, p. 293-307, 1993.

estudou, as mulheres consideradas fisicamente mais atraentes possuíam uma proporção semelhante entre as medidas da cintura e do quadril. No caso dos homens, eram considerados mais belos aqueles com ombros mais largos que o quadril (o que, no tempo das cavernas, era um sinal de que o homem era bom corredor) e os mais altos que os demais. Aliás, a altura também foi um fator mencionado por Buss: segundo sua pesquisa, em relações heterossexuais, as mulheres costumam sentir mais atração por homens mais altos do que elas, inclusive se estiverem usando salto alto.

Para alguns cientistas, de fato, há mecanismos psicológicos que produzem um *design* otimizado, um ideal do que garantiria a sobrevivência. Assim, a seleção natural determinaria que algumas características seriam mais relevantes para a manutenção da espécie do que outras, e sua presença faria com que achássemos indivíduos mais ou menos apaixonantes.

Mas a própria psicologia evolucionista defende a presença de outros elementos importantes para o cultivo do amor, incluindo fatores que diferenciam o comportamento dos sexos – não de uma maneira determinista, mas nem por isso pouco relevante.

Um bom exemplo é o *male parental investment* (MPI) ou a capacidade de investimento paterno de uma espécie. Dentre as espécies de animais, os humanos são os que mais dependem dos pais para sobreviver na infância. Enquanto alguns bichos nascem praticamente independentes, o filhote humano precisa obrigatoriamente ser cuidado pela sua família. Por isso, do ponto de vista evolutivo, é muito importante que os homens tenham um MPI elevado – que depende muito do seu amor pela prole e pela parceira. As mulheres, então, devem buscar homens que possuem essa qualidade.

Há vários outros estudos que poderiam ser citados, mas o ponto aqui é notar que o amor também possui uma faceta animal, determinada por um instinto de sobrevivência. Quando duas pessoas se amam, elas são capazes de criar seus descendentes e de ter uma boa vida apesar dos conflitos e das ameaças ao redor. Uma relação amorosa contribui para manter a espécie viva, fazer com que seus envolvidos tenham um compromisso maior com a vida e, consequentemente, com que as comunidades estejam mais protegidas.

O amor é, então, vital para a sobrevivência humana. À medida que as pessoas se aproximam e criam laços, elas aumentam as condições de se manterem em um mundo coberto de ameaças e hostilidades. A filosofia de Schopenhauer e a psicologia evolucionista lembram-nos de que há mais sobre o sentimento amoroso do que nos damos conta.

Vimos que o amor não é fruto só de nossos planejamentos e pretensões, mas faz parte de um corpo, pertencente à natureza, repleto de mecanismos que não enxergamos com clareza, construídos ao longo dos milênios. Também é verdade, entretanto, que o que faz um homem e uma mulher se atraírem por alguém não pode ser completamente respondido pela filosofia do século XIX nem por uma única corrente científica, uma vez que elas não levam em consideração outros tantos estudos sobre o desejo humano e o papel da cultura, tampouco os afetos e desejo entre pessoas do mesmo sexo.

Por isso, menos do que imaginá-lo como um engodo da biologia, é importante que você saiba que o amor é inerente à nossa natureza e está presente em todos nós. Enquanto afeto, vive em potência dentro de cada um, e nada em seu funcionamento impede que uma Marilyn Monroe se apaixone por um Arthur Miller, e vice-versa. Por meio do amor, todos podem construir famílias e, graças a ele, o ser humano foi capaz de tecer comunidades inteiras.

CAPÍTULO 3

AMAR É CONTAR HISTÓRIAS

Conta-se que, em tempos remotos, em um reino distante, vivia um sultão. Um belo dia, ele encontrou a sua esposa deitada nos braços de um dos ajudantes de cozinha de seu palácio. Furioso, ele golpeou e matou os dois, jogou-os em uma vala e, a fim de superar sua mágoa, partiu para a terra do seu irmão mais velho, o rei Shariar. Porém, em uma ocasião, quando seu irmão saiu para caçar, ele viu ao longe a cunhada trair o marido com um homem escravizado, tal como sua própria mulher fizera.

Diante da traição que lhe foi contada pelo irmão, Shariar ficou terrivelmente encolerizado. Primeiro, ele mandou que seu vizir, conselheiro dos monarcas de terras islâmicas, matasse a esposa. Depois, decidiu que todos os seus próximos casamentos durariam uma só noite. A cada nova boda, ao amanhecer, a esposa seria assassinada. Assim, ele ficaria a salvo de toda perversidade e falsidade das mulheres.

O vizir trazia jovens nobres para o sultão se casar e no dia seguinte à cerimônia as matava. Foi assim por tanto tempo que o número de donzelas da região se tornou escasso. As mães choravam, as mulheres se irritavam e os pais começaram a rogar pragas contra o rei. Até que, um dia, Sherazade, a filha mais velha do vizir, disse ao pai que gostaria de se casar com o rei. O vizir fez de tudo para persuadir a filha do contrário, mas de nada adiantou: ela estava decidida.

O rei aceitou a mão de Sherazade, e eles se casaram na mesma noite. Porém, ela fez um único pedido ao sultão: já que ia morrer, solicitou que pudesse se despedir da irmã, Duniazade, antes do amanhecer. Então, Duniazade veio dar adeus a Sherazade, rogando-lhe que contasse, pela última vez, uma das suas belas histórias. Com a permissão do rei, Sherazade ficou contente e começou: "Ouça".[1]

---

[1] Relato simplificado da versão apresentada no *Livro das mil e uma noites*, com tradução de Mamede Mustafa Jarouche, p. 39-56. Para facilitar a compreensão, a grafia do nome dos personagens foi aportuguesada.

A vida é como uma grande narrativa: cheia de peripécias, aventuras, obstáculos e adversidades, não é muito diferente de filmes, novelas e romances. Talvez seja por isso que, desde tempos imemoriais, como os do rei Shariar e de Sherazade, as pessoas tenham buscado e se encantado com histórias – seja ao redor de fogueiras, em arenas públicas ou na privacidade de seus lares.

Mais do que isso, a *narração* também é uma maneira de reinventar a realidade. O ato de ouvir e contar relatos nos inspira e ilumina estradas desconhecidas, confirmando sentimentos vividos ou antecipando novidades. A vida nunca está dada, e, por isso, tal como um tecelão que trança diferentes fios, as diversas maneiras como contamos nossas histórias reelaboram o que elas são ou podem vir a ser, inclusive, a história de um amor.

Em 2015, o escritor cabo-verdiano Mario Lucio Sousa publicou um livro, *Biografia do Língua*, que conta uma história não muito diferente da de *As Mil e uma noites*. Nele, um africano escravizado chamado Língua está prestes a ser morto. Seu último desejo é contar uma história, a qual ele nunca termina e, por consequência, ele acaba conseguindo viver por mais tempo do que poderia imaginar.[2]

Sherazade usou do mesmo subterfúgio. Todas as noites, ela começava uma narrativa, mas o Sol nascia antes que ela pudesse terminar. Intrigado, o rei Shariar adiava a morte da esposa, cuja irmã retornava antes de dormir para que ela continuasse. Passadas milhares de noites, Shariar encontrava-se completamente apaixonado por Sherazade, e então ela pôde viver.

O que essas duas histórias nos ensinam é que a vida é um fenômeno narrativo, e a maneira como nós relatamos nossas histórias, mesmo as mais cotidianas, possibilita que pessoas se aproximem ou se afastem de nós. Trazendo essa questão para o relacionamento amoroso, concluímos que, se a narrativa for ruim, poderá gerar desencanto, que é um dos maiores rivais de qualquer relacionamento.

A pergunta que se coloca então é: como evitar uma narrativa ruim? Não há uma resposta pronta, mas

---

2 SOUZA, Mário Lúcio. *Biografia do Língua*. Rio de Janeiro: Ímã Editorial, 2015.

um passo importante é *viver a vida*. Viva sua relação como se você estivesse escrevendo a melhor história de todos os tempos, ávido para escapar da morte. Esse é o primeiro passo.

Outro passo importante é ter em mente que histórias têm o lado de quem fala e o de quem escuta. Todos nós devemos ser Sherazade *e* rei Shariar. O amor demanda que duas pessoas apresentem, uma à outra, a narrativa de sua vida – só assim elas podem se apaixonar dia após dia e entrelaçar suas histórias em uma união.

Em seu texto "Tradição viva",[3] o filósofo A. Hampaté Bâ aborda o poder da palavra, da narrativa e da contação de histórias. De acordo com o malinês, a palavra é o que inventa o mundo por meio dos sentidos. De modo complementar, a pensadora nigeriana Oyeronke Oyewumi[4] nos lembra de que, diferentemente da lógica ocidental, perceber a realidade não passa somente pelo campo da visão.

---

3 In: KI-ZERBO, Joseph (org.). *História geral da África*. V. 1. Metodologia e Pré-História da África. 2. ed. Brasília: Unesco, 2010, p. 167-212.
4 OYEWUMI, Oyeronke. *Gender epistemologies in Africa*. Gendering traditions, spaces, social institutions, and identities. Nova York: Palgrave Macmillan, 2013.

Ou seja, nem todas as ferramentas narrativas são escritas. Também precisamos usar nossa voz e, mais do que isso, gestos, cheiros, toques e vestes. A palavra nos ajuda a organizar o mundo dos sentidos, o que, por consequência, gera efeitos no ambiente ao nosso redor. A maneira como você relata o que vive é uma forma de agir, de fazer algo a respeito de si mesmo e de se colocar diante do outro. É por isso que a maneira como falamos e nos portamos diante da pessoa amada é importante.

A boa notícia é que, quanto maior for seu repertório, maiores serão as chances de você manter o encantamento na relação. Se o seu parceiro se sentir curioso, ansioso para que a história de vocês dois continue, ou até mesmo que vocês inaugurem uma nova, há grandes chances de que, tal como a de Sherazade e Língua, ela se perpetue para sempre. O maior desafio do amor é cultivar a arte de reinventar diariamente o encontro amoroso, e, ainda que algumas sugestões possam ser feitas – sair para jantar uma vez por semana, conversar, perguntar ao outro como foi seu dia –, a verdade é que cabe a cada casal inventar sua própria aventura e as diversas maneiras de enfrentar os obstáculos que aparecerão no caminho.

A chave é saber que isso não depende de uma só parte. A dificuldade é saber *coproduzir*: costurar a narrativa do amor a quatro mãos. E se lembrar de que nem sempre a jornada será ou terminará feliz. É necessário abrir espaço e atribuir um significado para cada sorriso, cada lágrima e cada atividade cotidiana, desde lavar a louça até cuidar do banheiro ou criar os filhos.

Assim, é válido dizer que o sucesso de um amor depende do interesse dos envolvidos em construir uma história em comum, sem anular as individuais. As únicas regras fixas são se fazer disponível, oferecer uma escuta ativa e investir no autoconhecimento. A capacidade de coprodução vai depender da abertura de cada um – que, juntos, podem potencializar sua experiência no mundo.

Para isso, é fundamental cultivar o respeito mútuo, a compreensão de que o outro possui seus próprios interesses e valores, reconhecendo ao mesmo tempo a existência de um solo em comum, por mais diferentes que sejam os envolvidos, a partir do qual a história possa ser contada. Nem sempre vai ser fácil: não há nada mais desafiador do que tentar conciliar desejos e aspirações diferentes. O importante é que as barreiras sejam superadas em conjunto.

O amor é um percurso de intimidade que, como vimos, pode ser pensado como uma narrativa, como nos filmes e romances, sendo construída e contada pelas personagens que participam da trama. Precisa ser inspiradora e criar uma ânsia para que continue, como as de Sherazade. Amar é uma jornada poética.

Entendemos também que, para que os envolvidos sintam que compartilham dessa narrativa, é preciso lançar mão de uma história conjunta. Se o relacionamento é, acima de tudo, uma colaboração a serviço de uma vida em comum, a narração não pode ser realizada de maneira egoísta e unilateral. Todo relato tem diferentes pontos de vista que, se confrontados, podem gerar bem-estar, resiliência, parceria e afeto – especialmente nos momentos mais difíceis da vida.

Além disso, o percurso com a pessoa amada precisa sempre despertar a curiosidade e o interesse. Como o rei Shariar, que mal pode esperar para que a história de Sherazade continue, é importante manter a chama da inspiração acesa para que um relacionamento dê certo. Para isso, não se esqueça de que contar uma história não é fugir do cotidiano, mas fazer dele algo extraordinário.

Infelizmente, não existem receitas para escrever uma história em conjunto. O que sabemos é que é necessário tomar alguns cuidados. Primeiro, tenha respeito pelo outro e mantenha-se aberto. Depois, esteja disponível, compartilhe tempo e espaço – converse e esteja junto. Divida tudo o que for significativo na vida com a pessoa amada. Nunca será possível dar conta de tudo, mas certamente é impossível manter-se junto sem compartilhar nada.

Na vida amorosa, o ato de contar histórias também significa fazer projetos. Por um lado, as memórias e as lembranças são a elaboração de um passado que dê sentido ao presente. Por outro, o amor é uma narrativa porque é um projeto de futuro capaz de aumentar o bem-estar. É a produção de pensamentos, sentimentos, planos. É a preservação e a reinvenção do desejo. O que queremos juntos? Sem que essa pergunta seja feita, não podemos contar uma boa história de amor.

CAPÍTULO 4

O AMOR POLICONJUGAL

Conta-se que Oxum, filha de Orunmilá, era uma orixá tão bonita que foi cortejada pelos deuses do Orum (o mundo espiritual, na mitologia iorubá). O primeiro foi Oxóssi, entidade da caça e da riqueza, conhecido por sua beleza, vigor e força. Oxóssi levou muitos presentes para convencer o pai de Oxum a dar-lhe a mão da filha em casamento, o que Orunmilá fez com muito gosto.

Porém, depois de passar um tempo na floresta com seu noivo, Oxum retornou à casa do pai triste e chorosa. Oxóssi vivia pelas matas e nunca oferecia à vaidosa esposa um pente ou um espelho para que ela pudesse enxergar e cuidar de seus belos cabelos.

Então, um tempo depois, apareceu Ogum, o orixá guerreiro e ferreiro, também pedindo a mão de Oxum a Orunmilá, que lhe concedeu com muito gosto. Mas Ogum reclamava demais da vaidade excessiva de Oxum, que só pensava em sua própria beleza. Mais uma vez, Oxum retornou à casa do pai triste e chorosa.

Eis que chegou a vez de Xangô. Rei, galante e forte, ele foi até Oxum e conquistou seu coração.

Os dois se casaram e tiveram filhos. Contudo, à medida que o tempo passou, ambos sentiram necessidade de se relacionar com outros orixás, e foi assim que Xangô também se tornou esposo de Iansã e Obá.

Durante muito tempo, todos viveram em harmonia. Só que Obá passou a se sentir incomodada com as demonstrações de afeto que Xangô conferia a Oxum. Certa vez, resolveu perguntar à primeira esposa o que ela fazia para conseguir chamar tanta atenção do marido. "Obá, corte uma de suas orelhas e a cozinhe para nosso rei. Desse modo, ele vai desejar passar mais noites com você", aconselhou Oxum, que apontava para sua orelha sob o turbante como se dissesse: "Veja, eu cortei a minha". Obá seguiu o conselho de Oxum, mas Xangô estranhou a comida. Ao descobrir o que a esposa havia feito, Xangô acabou por expulsar Obá do reino.[1]

---

1 NOGUERA, Renato. *Mulheres e deusas*. HarperCollins: Rio de Janeiro, 2017, p. 91.

Quem lê a história de Xangô e Oxum por um viés estereotipado pode acreditar que se trata de um mito preventivo sobre a impossibilidade da poligamia, a união conjugal de uma pessoa com várias outras. Mas o fato é que todas as formas de amor, não importa se monogâmicas ou não, têm seus próprios desafios, exigindo dos amantes determinadas sabedorias. Quando as estudamos a fundo, temos a oportunidade de refletir sobre nós mesmos, de nos conhecer melhor e, com isso, ter consciência do que buscamos e do que queremos quando amamos.

A lição por trás da história de Xangô e de Oxum é a de que, ao consentirem ter múltiplos parceiros, os quatro orixás optaram por construir uma vida cujo equilíbrio depende de um profundo senso de comunidade, no qual é preciso cuidar para não ser tomado pela inveja. Porém, o ciúme de Obá e o ardil de Oxum acabaram prejudicando justamente esse arranjo, que poderia ter sido harmonioso.

A questão que se coloca, então, é: como esse relacionamento poderia ter sido harmonioso? Já sabemos que o ciúme e o ardil atrapalharam, mas seriam esses os únicos desafios? Afinal, como se dá o amor no contexto da policonjugalidade?

A resposta a essa pergunta está em outro orixá: Orunmilá, o pai de Oxum, também conhecido como Ifá, o deus da sabedoria e do destino. De acordo com a filósofa Sophie Oluwole,[2] Orunmilá representa um pensamento que entende a filosofia como um exercício espiritual de autoconhecimento. Assim, filosofar é buscar saber quem somos.

Para nos auxiliar nessa jornada, o orixá deixou escritos versos sagrados, por meio dos quais compartilha histórias que nos ajudam a pensar sobre a condição humana. Em uma delas, Orunmilá fala de um rato que, num dia quente, aproximou-se da beira do rio. Lá, viu um peixe que parecia muito feliz e pensou consigo mesmo que ele deveria estar bem confortável no frescor das águas. O rato decidiu mergulhar no rio, no qual permaneceu submerso

---

2 OLUWOLE, Sophie. *Socrates and Orunmila*: two patron saint of classical philosophy. 3. ed. Lagos: Ark Publishers, 2017.

por alguns segundos. Mas, passado um breve tempo, sentiu-se sem ar e teve que colocar a cabeça para fora d'água. Não só: sentiu-se cansado de nadar, até de boiar! Resolveu, então, desistir da empreitada e voltou para terra. Em outro dia, o peixe viu o rato do lado de fora, aparentando estar bastante satisfeito. Diante dessa cena, quis sair da água e viver como um rato – mas, claro, ele também não conseguiu.

Nessa fábula, Orunmilá nos ensina a importância de conhecermos nossa própria natureza antes de tomarmos nossas decisões e seguirmos um caminho. No amor, não é diferente: é impossível amar, seja lá como for, sem antes conhecermos a nós mesmos. O autoconhecimento é o primeiro e fundamental degrau para que sejamos capazes de buscar o que precisamos e para que, inclusive, saibamos identificar o tipo de amor que melhor nos convém.

De acordo com o sistema de Orunmilá, as pessoas são formadas pelos quatro elementos: água, fogo, terra, ar. Esses elementos são organizados no *ori*, nome iorubá para cabeça, por meio de cem búzios que preenchem quatro posições: a frontal, a esquerda, a direita e a adjunta.

Sistema de Orunmilá

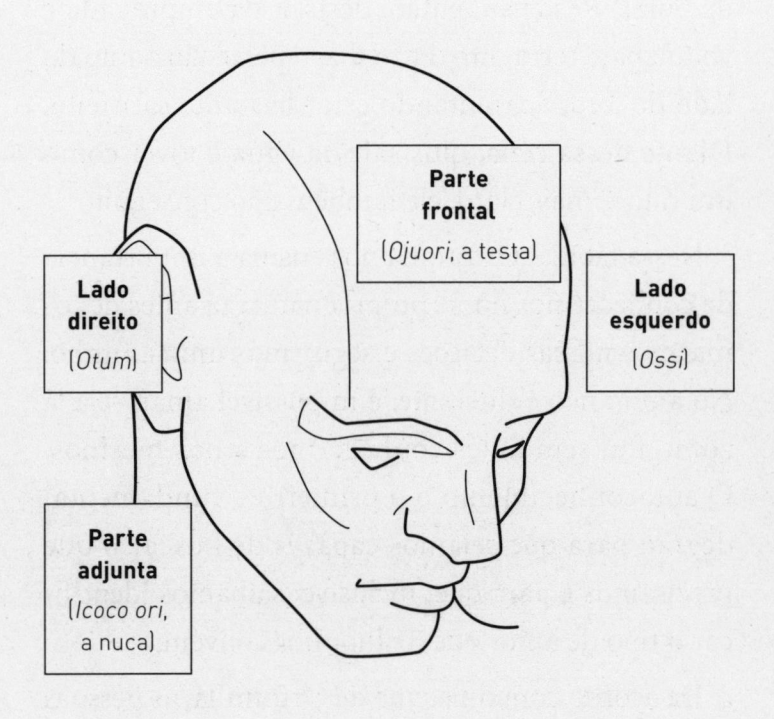

- **Parte frontal** (*Ojuori*, a testa)
- **Lado direito** (*Otum*)
- **Lado esquerdo** (*Ossi*)
- **Parte adjunta** (*Icoco ori*, a nuca)

Cada posição e seu elemento determinam a maneira de ser de um indivíduo. Por exemplo, grosso modo, o fogo remete ao desejo e à capacidade de tomar decisões. Com isso, se alguma pessoa não tiver o fogo em seu *ori*, provavelmente terá dificuldade em se decidir. Por outro lado, uma pessoa com muita influência do fogo tenderá a ser irascível e não lidará muito bem com obstáculos em seu caminho. O importante é saber que, quanto melhor você conhecer o seu *ori*, maiores são as chances de viver em harmonia.

O sistema é bastante complicado, pois, como se pode ver, há um grande número de arranjos possíveis (existem desde combinações envolvendo pessoas com quatro elementos diferentes, cada um em uma posição, até pessoas com um mesmo elemento em todas as posições, ou dois elementos que se alternam... e por aí vai). Além disso, mesmo que duas pessoas possuam os mesmos elementos nas mesmas posições, não significa que seu *ori* seja igual. Um mesmo elemento pode apresentar variações: por exemplo, a água pode ser calma ou revolta; o ar, uma brisa ou uma ventania. Ou seja, o processo do autoconhecimento não é fácil, e enxergar a constituição interna de um indivíduo é uma ciência complexa.[3]

---

3 NOGUERA, Renato. A questão do autoconhecimento na filosofia de Orunmilá. *Odeere*, v. 3, n. 6, p. 29-42, dez. 2018. Disponível em: <periodicos2.uesb.br/index.php/odeere/article/view/4328>. Acesso em: 30 out. 2019.

Sistema de Orunmilá

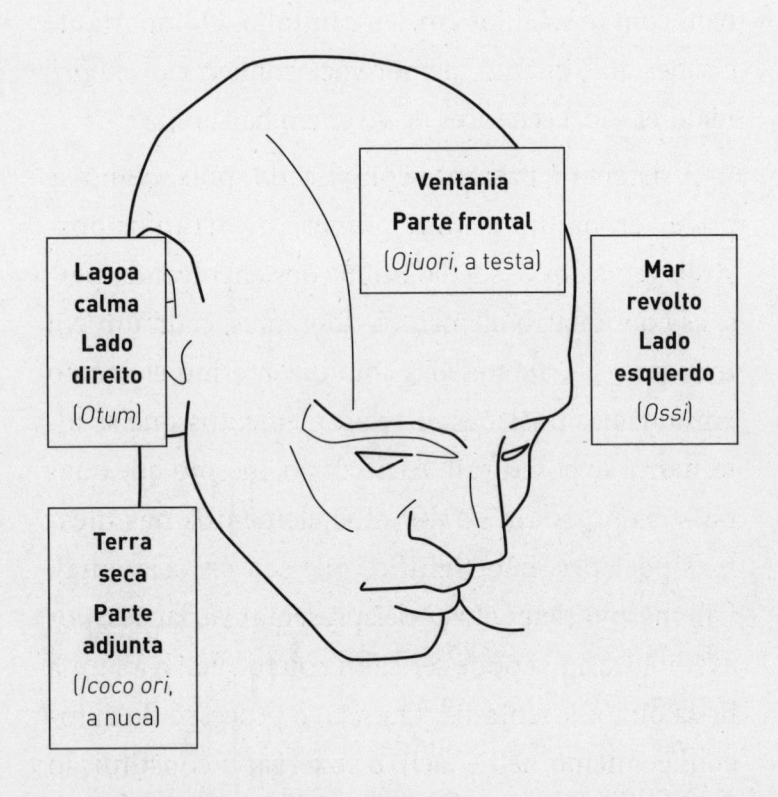

Ventania
Parte frontal
(*Ojuori*, a testa)

Lagoa calma
Lado direito
(*Otum*)

Mar revolto
Lado esquerdo
(*Ossi*)

Terra seca
Parte adjunta
(*Icoco ori*, a nuca)

Na sociedade iorubá, o que isso tudo mostra é que o *ori* é de extrema importância, porque dá aos indivíduos sua direção no mundo. O problema é que ele não nasce equilibrado. Então, quem quiser que sua caminhada seja prazerosa tem de tentar alcançar a harmonia de seu *ori*, e a única maneira de fazer isso é por meio do amor. Note que, aqui, amar não é completar algo incompleto, mas sim encontrar equilíbrio para os elementos.

Acontece que, para a sociedade iorubá, uma relação afetivo-sexual não é determinada só pelos cônjuges, mas também pela comunidade, que, assim como cada indivíduo, é um corpo com um *ori*. Na comunidade, ninguém vive separado: todos caminham juntos. E, por isso, o mau funcionamento de um único aspecto pode impactar a todos.

Essa noção está de acordo com o que vimos no primeiro capítulo, "O caminho do amor", sobre esse sentimento não ser uma emoção individual, mas envolver toda a comunidade. Um dos maiores pensadores do século XX, o senegalês Cheikh Anta Diop,[4]

---

4 DIOP, Cheikh Anta. *Nation negre et culture*: de l'antiqué nègre égyptienne aux problèmes culturels de l'Afrique Noire d'aujpurd'hui. Paris: Presence Africaine, 1979.

esclarece ainda mais essa perspectiva. Segundo ele, se um indivíduo faz parte de um coletivo, suas escolhas não podem ser meramente individuais. Assim, num contexto africano tradicional, nenhuma decisão pode ser tomada pensando apenas no que nos agrada. Uma ação possui sempre uma dimensão coletiva, política e espiritual. E o amor não foge a essa regra.

Outro pensador que corrobora essa ideia de que relação amorosa diz respeito também à comunidade é Carlos Moore,[5] cientista social cubano-jamaicano. Moore chama a atenção para o fato de que, se uma pessoa vive sozinha, todo o seu repertório, toda a sua sabedoria morre com ela. Nesse sentido, ninguém pode ser sozinho, de modo que as uniões amorosas tornam-se fundamentais para que as pessoas aprendam umas com as outras. É por meio desse aprendizado que elas terão acesso, por exemplo, ao que é necessário para conquistar o bem-estar e levar uma vida proveitosa para si e para a sociedade.

---

5 MOORE, Carlos. *Racismo e sociedade*: novas bases epistemológicas para entender o racismo. Belo Horizonte: Nandyala, 2012.

Dentro desse contexto, dessa sociedade em que as escolhas jamais serão individuais e de que a vida deve ser compartilhada, o amor policonjugal não difere muito do monoconjugal: de um modo ou de outro, devem-se levar em consideração as necessidades dos amantes e também do grupo no qual estão inseridos. Pouco importa se se trata de poligamia ou poliandria (em que apenas a mulher possui múltiplos parceiros), tampouco se estamos falando de relacionamentos abertos nos quais o gênero não entra em questão. O fato é que, dentro dos vários arranjos possíveis do relacionamento iorubá, não há lugar para o capricho de um único indivíduo – e a monogamia nem sempre dá conta de todas as necessidades de uma comunidade.

As mulheres da etnia odabi (povo nômade que habita a República dos Camarões) podem se casar com mais de um homem. O primeiro casamento é escolhido pela família, pois seu objetivo é a reprodução. Daí em diante, a mulher pode escolher os demais pretendentes a compor a relação amorosa e fortalecer o grupo.

Para Moore, não há nenhuma estranheza em casos como esses, pois a policonjugalidade é comum especialmente em lugares de baixa densidade demográfica e em que há uma assimetria dos gêneros – se no local há mais homens do que mulheres, a poliandria faz sentido como prática cultural. Há também lugares em que as mulheres mais velhas, que não podem engravidar, desposam mulheres mais novas para que dividam o marido com elas, como um estímulo à procriação.

De todo modo, é importante notar como os tipos de relação possíveis são marcados pela cultura. E há tantos caminhos para amar quantos forem os modelos políticos e sociais. Cheikh Anta Diop relata que, no contexto africano, desenvolveu-se um formato de ganha-ganha: nele, as relações necessitam envolver os atores sociais e prover um benefício a todos eles, de modo que, para um ganhar, ninguém precisa perder; muito pelo contrário: há sempre algo para todos aprenderem. E isso se reflete no amor policonjugal, que tem por natureza o reconhecimento da importância de várias pessoas na aventura de amar, com o princípio de que todos contribuem e se engrandecem, assim como engrandecem a comunidade como um todo.

Contudo, é de extrema relevância não confundir a policonjugalidade com a poligamia de haréns, quando um homem poderoso e com status social pode casar-se com um número indefinido de mulheres. Quando falamos em relacionamentos policonjugais, não se trata dos arranjos de sociedades patriarcais nos quais as mulheres têm poucos direitos. Inclusive, na policonjugalidade, é crucial que todas as partes se sintam amadas e respeitadas e, diferentemente de Obá e Oxum, interajam de modo colaborativo.

O que a policonjugalidade nos ensina é que o amor não se trata de posse ou submissão. Amar só é possível em um relacionamento cultivado pelo bem-estar, pela satisfação individual e a comunitária, no qual todos – inclusive a sociedade – são corresponsáveis pela experiência amorosa.

Dentro dessa cultura, é a eficácia da monogamia que é posta em xeque, já que há menos indivíduos colaborando com o amor – e nem sempre duas pessoas bastam. Assim, se há desarmonia em um casal monogâmico, pode ser que, em vez de quebrar laços, fosse interessante incluir um cônjuge – homem ou mulher – que traga o que está faltando. Reduzir um relacionamento a dois pode acabar por enlouquecer ou sobrecarregar as partes, o que impacta a vida dos outros ao redor.

Aprendemos com a mitologia iorubá que a combinação dos *oris* cria um estado equilibrado, o que por sua vez é indispensável para relacionamentos harmoniosos em toda a sociedade. O amor policonjugal facilita essa combinação, já que favorece a equalização dos quatro elementos: água, ar, terra e fogo.

Os mitos de Oxum e seus três pretendentes e de Xangô e suas três esposas nos ensinam que, em um contexto em que há desequilíbrio demográfico – número maior de homens ou mulheres –, é preciso aprender a ter um relacionamento afetivo colaborativo, pensando no bem comum da sociedade como um todo. Mas não devemos nos ater a questões demográficas: mesmo quando o desequilíbrio de gênero não é uma questão, há culturas que possibilitam tanto a monogamia quanto a poligamia, e as relações poliamorosas podem ser boas aliadas da harmonia e do equilíbrio da comunidade.

A experiência africana nos ensina que o amor não é próprio da dimensão individual ou da realidade de um só casal. Ele diz respeito a todos, pois permite o compartilhamento de experiências.

Em outras palavras, amar não é da ordem da posse, mas da troca.

Assim como um pai pode ter vários filhos e amar a todos, assim como uma avó pode amar todos os seus netos com igual intensidade, é possível que uma mulher ou um homem tenham vários cônjuges a quem dediquem igual afeição. Num contexto geral de bem-estar, não há lugar para desejos individuais, o que também significa dizer que a monogamia nem sempre é o melhor caminho. Bem diferente de um capricho pessoal, o amor policonjugal é uma escolha afetivo-política que diz respeito a toda uma comunidade.

O amor é, assim, um exercício de manter a vida pessoal e coletiva em equilíbrio.

CAPÍTULO 5

QUANDO ADÃO CONHECEU EVA

Depois de criar o homem à sua imagem e semelhança, Deus fez com que Adão caísse em um sono profundo e arrancou-lhe uma costela. Dela, Deus criou a mulher. Ao encontrá-la, Adão disse a ela: "Esta, sim, é osso dos meus ossos, e carne da minha carne! Ela será chamada mulher, porquanto do homem foi extraída". E ali, no paraíso, Deus ordenou que se tornassem ambos uma mesma carne. Os dois estavam nus e não se envergonharam.

Deus havia feito apenas uma única restrição ao casal. Poderiam se aproveitar de tudo no Éden, menos do fruto de uma única árvore, ou então morreriam. Certo dia, uma serpente apareceu e convenceu Eva a experimentar da maçã proibida, que ela também ofereceu ao seu companheiro. Imediatamente, seus olhos se abriram, e, notando que estavam nus, ambos se cobriram com folhas. Ao descobrir, Deus expulsou Adão e Eva do paraíso, mas não sem antes amaldiçoar a ambos e disseminar a discórdia entre o homem e a mulher.[1]

---

1 BÍBLIA, A. T. Gênesis. In: *Bíblia Leitura Perfeita NVI*. Rio de Janeiro: Thomas Nelson Brasil, 2018, p. 16.

Quando o assunto é amor, a Bíblia oferece centenas de passagens para ajudar a lançar alguma luz sobre esse fenômeno misterioso e arrebatador. Em se tratando especificamente do amor na sua dimensão de relacionamento afetivo entre um casal, a Bíblia possui alguns livros consagrados por estudos teológicos, como Cantares, Coríntios, Mateus e Efésios. Seria possível escrever um único livro sobre cada passagem e sua interpretação sobre o amor, mas não é o que faremos.

É importante dizer que não estamos diante de um tratado teológico, mas de uma leitura interpretativa que identifica na relação entre Adão e Eva do Gênesis uma apresentação da vivência amorosa. A questão que se levanta, então, é simples: o que Adão e Eva têm a nos dizer sobre o amor conjugal?

A partir de Freud e de Nietzsche,[2] descobrimos que Adão e Eva são símbolos dos desafios de uma fantasia que se tornou a base cultural do casamento ocidental. E ainda, sob a luz da psicanálise e da filosofia, é possível fazer uma leitura da história do casal como sendo história de amor, identificando ainda que, durante a estadia no paraíso, os dois estavam apaixonados. Por meio de um diálogo com a psicanálise, a teologia e a antropologia, podemos, então, aprender com a Bíblia um pouco dos desafios da convivência com a pessoa amada.

Vale lembrar ainda que há relatos e estudos nos quais se afirma que a primeira mulher de Adão foi Lilith.[3] Entretanto, apesar de criada da mesma matéria que o marido, também pelas mãos de Deus, Lilith não se tornou a esposa que Adão queria. Alguns dizem, inclusive, que ela teria se recusado a deitar-se com ele e acabou indo embora do Éden. Só depois,

---

2 FREUD, Sigmund. *Além do princípio de prazer, psicologia de grupo e outros trabalhos (1920-1922)*. Rio de Janeiro: Imago, 1996; NIETZSCHE, Friedrich. *Genealogia da moral*. São Paulo: Companhia das Letras, 2009; *Para além do bem e do mal*. Rio de Janeiro: BestBolso, 2016.
3 NOGUERA, Renato. *Mulheres e deusas*. HarperCollins: Rio de Janeiro, 2017, p. 123-124.

com o intuito de dar uma nova companheira para Adão, Deus teria criado Eva.

Dessa vez, a mulher não foi criada do mesmo barro que Adão, mas da própria costela do homem. O curioso sobre essa imagem é que ela apresenta uma fantasia da paixão que até hoje domina nossa cultura ocidental: a de que amantes seriam seres feitos de uma mesma substância, que, ao se encontrarem, se encaixariam um no outro perfeitamente. Até que veio o diabo.

Note que a etimologia da palavra "diabo" revela que ela significa "o que dá temor, o que desune, caluniador".[4] Ou seja, diabo é o que divide. Quando a serpente diz a Eva que ela pode comer o fruto da árvore do conhecimento, o diabo incentiva a mulher a abandonar a ignorância, o relaxamento cognitivo. É a serpente que mostra a Eva que é preciso ficar alerta, julgar com a razão e, por meio dela, distinguir as coisas umas das outras. Antes, imersa na inocência, a mulher não sabia a diferença entre o bem e o mal.

---

[4] HOUAISS, Antônio. *Dicionário Houaiss da Língua Portuguesa*. Rio de Janeiro: Objetiva, 2001.

Antes, Adão e Eva viviam imersos em uma paixão quase simbiótica. Compartilhavam de uma relação "paradisíaca", na qual formavam uma unidade um com o outro e da humanidade com a natureza. Pelo fruto, os dois ganham a capacidade de discernir os elementos do mundo e, com isso, essa simbiose é quebrada. Então, como entender o romance nesse contexto?

Por um lado, a desobediência do casal – primeiro de Eva – ofereceu a eles a possibilidade de raciocinar diante de emoções e paixões. E o conceito de união entre amantes que vigorava na relação até então perfeita do casal preconizava certa inocência. Por outro lado, o mito é uma formulação machista, pois atribui a Eva a culpa pela quebra de tão perfeito cenário. E, por causa da simbólica desobediência de Eva, ficou entendido que as mulheres deveriam ser submissas no casamento.

É bem verdade que, antes do pecado original, o modelo da mulher na Bíblia já havia sido concebido como inferior. Eva surge não só como um pedaço de Adão, mas também como uma "auxiliadora". Adão seria o homem, o esposo e também o comandante, o dominador e enunciador da natureza. Eva é só uma coadjuvante.

Esse mito fundador da cultura judaico-cristã revela o machismo (a supervalorização das características masculinas), o sexismo (estereótipo de gênero) e a misoginia (desprezo pelas mulheres) que permeiam a visão que temos ainda nos dias de hoje sobre o amor. Sob essa ótica, entendemos que a relação de Adão e Eva já começa em pé de desigualdade. É o homem que desbrava o mundo. Eva só segue ao seu lado. Isso constituiria a perfeita harmonia, não fosse pela serpente.

Abdicando-se desses predicamentos preconceituosos, há lições importantes a serem tomadas com o mito de Adão e Eva. De acordo com Freud, no paraíso da paixão, eles viviam a fantasia de desejar a mesma coisa, juntos e ao mesmo tempo. Esse seria o primeiro estágio de uma relação amorosa: o delírio da paixão. A neurociência contemporânea explica que é um estado temporário de demência, no qual há um relaxamento da racionalidade. Na psicanálise, corresponde ao amor narcísico, no qual o sujeito que ama projeta seus desejos no objeto amado.

Mas, ao comerem o fruto, Adão e Eva passaram a ter consciência de si próprios, como se o outro fosse um espelho que lhes devolveria o reflexo de sua própria nudez, daí o fato de terem sido tomados pela vergonha e coberto suas partes íntimas. Após a expulsão do paraíso, Adão e Eva precisam lidar com a realidade diabólica de se entenderem como seres individuais, com atribuições específicas diante dos desafios da vida. E é aí que se instaura a possibilidade do amor no interior de um casamento.

Para garantir que jamais retornem, Deus coloca querubins para guardar as portas do Éden. Para eles, o paraíso acabou, não há retorno possível. E não só: ambos também foram condenados à morte, o retorno ao pó passa-lhes a ser inevitável. Isso parece marcar a visão cristã da relação amorosa até os dias de hoje, como lembram padres e rabinos nas cerimônias de casamento: "Você promete amar na alegria e na tristeza, na saúde e na doença, na pobreza e na riqueza, até que a morte os separe?". Diante da separação da unidade perfeita de Adão e Eva, o que resta é o compromisso dos casais de trabalharem para reavivar constantemente a paixão que mantém o casal junto, mesmo depois do fim do encantamento.

Em termos psicanalíticos, nas leituras de Freud e Lacan,[5] no Éden, Adão e Eva viviam a paixão avas-

---

5 LACAN, Jacques. *O seminário, livro 8. A transferência.* Rio de Janeiro: Zahar, 1992; *O seminário, livro 10. A angústia.* Rio de Janeiro: Zahar, 2005.

saladora dos namorados, quando um se sente completado pelo outro. Mas ao se renderem ao fruto proibido, do conhecimento, acabam por entrar no mundo real, que representa o dia a dia de uma relação, quando a magia se dissolve e é preciso se esforçar para manter a união com a pessoa amada.

Ora, quando passamos a conviver com alguém, conhecemos suas manias, seus defeitos e seus hábitos. Além disso, também somos atravessados pelas dificuldades do cotidiano: contas a pagar, gestão doméstica, responsabilidades da maternidade e da paternidade etc. Diante de tudo isso, como o amor pode sobreviver?

O que interessa em Adão e Eva é entender que, uma vez fora do paraíso, eles passam a viver o pós-paixão (a segunda etapa do amor), o momento de esgotamento da fantasia e a hora de assumir a noção de realidade. Passam então pela fase em que ou simplesmente abandonam o paraíso, sabendo que não podem mais ali voltar, ou tentam reconstituir, fora dele, a união perfeita vivida no Éden, mas agora no contexto de um mundo hostil.

Pesquisas científicas mostram que um casal não fica apaixonado por um período maior do que dois a três anos, depois de uma convivência diária. Passado esse tempo, o relacionamento precisa ser redimensionado. O cotidiano vence a paixão, mas é também nessa fase que o amor começa a ser elaborado.

Adão e Eva nos ensinam que a paixão tem data de validade. A vida conjugal não é permeada só de encantamento, mas também de desinteresse, traição, conflitos e afastamento. Não é nada fácil encontrar o paraíso na Terra. O importante é saber que o fim da paixão é o início – e não a morte – do amor conjugal. Fora do paraíso é que Adão e Eva têm seus filhos, Caim e Abel, e constroem uma vida juntos, com sofrimento, muito trabalho, dores, desejos conflitantes e sem a abundância e o conforto do Éden. Depois do pecado original, Adão e Eva não são mais uma unidade, mas seres individuais, apartados. Se Deus não os fez um ser único, só resta elaborar uma nova maneira de estarem juntos, tentando unir o que foi separado e reconstituir o paraíso na Terra. É isso que chamamos de amor.

Essa provavelmente é das mais conhecidas histórias da Bíblia e do mundo judaico-cristão, e dela podemos tirar a lição de que o amor no casamento é muito difícil de ser mantido. Todo relacionamento começa com uma lua de mel até que chega aos portões do inferno. Sabendo disso, somos tomados pela insegurança – como permanecer juntos se sabemos que, no futuro, nem nós nem o outro continuará envolto na névoa da paixão?

A lição de Adão e Eva é simples. Com a dor no parto, Eva nos ensina que sempre haverá sofrimento. Tendo que ganhar a vida com o suor do próprio rosto, Adão nos lembra de que o amor dá trabalho. E são esses dois verbos que guiam a experiência de uma união duradoura. Primeiro, você tem que parir algo novo, depois, semeá-lo para que continue florescendo.

O amor conjugal é, em resumo, uma tarefa que exige manutenção contínua. É como trabalhar na terra. Plantamos, semeamos, cultivamos e colhemos. Em seguida, fazemos a mesma coisa apesar das pragas, secas e tempestades que destroem nossa plantação de tempos em tempos.

No mundo real, as crises espreitam toda união. Mas só nos resta fazer como Adão e Eva e buscar, no aqui e no agora, esforços para chegarmos o mais perto possível do paraíso.

CAPÍTULO 6

O AMOR PLATÔNICO

Na biografia que escreveu sobre Clarice Lispector, o autor e historiador Benjamin Moser revela a paixão que Clarice sentia por outro escritor brasileiro, Lúcio Cardoso.

Autor do romance *Crônica da casa assassinada*, Lúcio era considerado um homem brilhante e sedutor. Conhecera Clarice quando ele tinha 28 anos e ela, apenas 20. Com o apoio de Lúcio, Clarice ingressou na carreira de escritora, passando a trabalhar como redatora da Agência Nacional. Ela viu nele a vida que gostaria de ter: "Lúcio e eu sempre nos admitimos: ele com sua vida misteriosa e secreta, eu com o que ele chamava de 'vida apaixonante'. Em tantas coisas éramos tão fantásticos que, se não houvesse a impossibilidade, quem sabe teríamos nos casado".

A impossibilidade a que Clarice se refere diz respeito a Lúcio ser assumidamente homossexual. E, como lembra o próprio Moser, não ajudava o fato de os dois serem muito parecidos. Ainda assim, Clarice jamais deixou de amar o amigo de uma maneira única. Há quem diga que seu amor não correspondido levou-a a cultivar a solidão e até mesmo foi dos motivos que a empurraram para a literatura. Até o título de seu primeiro romance, *Perto do coração selvagem*, foi dado pelo grande amigo.

Diante da não reciprocidade, Clarice se casou com um diplomata e se mudou para a Europa, onde teve dois filhos e se divorciou. Lúcio ficou doente, se recuperou e faleceu tempos depois em decorrência de problemas de saúde. Mas, desde o momento em que se conheceram, Clarice e Lúcio permaneceram amigos, trocando cartas, confidências e ideias.

Clarice fazia questão de ler todos os livros que Lúcio publicava, enviando-lhe suas impressões e ponderações. Em Lúcio, ela tinha um mestre, um editor e um amigo. Ainda que jamais tenham passado pela união dos corpos, viveram unidos pela busca pelo sentido da vida, por uma força misteriosa e contida e, acima de tudo, pela literatura.[1]

---

1 MONTERO, Teresa. Chama contida. *Cult*, n. 84, mar. 2010. Disponível em: <revistacult.uol.com.br/home/chama-incontida>. Acesso em: 30 out. 2019.

Todos nós já vivemos ou conhecemos uma história como a de Clarice e Lúcio – dois jovens, colegas de escola ou de faculdade, que vivem juntos sem declarar o que sentem pelo outro; um funcionário é apaixonado por sua superiora, mas ela nem o nota; uma jovem guarda uma paixonite pelo seu professor... As possibilidades são inúmeras. E não é incomum chamarmos essas paixões secretas e não encarnadas de "amor platônico".

Por mais de uma década, ao dar aulas para alunos do Ensino Médio e Superior, eu costumava fazer duas perguntas para as turmas quando falava de Platão:

a) "Quem já ouviu a expressão *amor platônico*?"
b) "Como você define amor platônico?"

Sem exceção, todos já tinham ouvido a expressão antes, e a maioria a definia como uma relação afetiva idealizada, sem dimensão sexual, em que uma das partes não era correspondida.

Mas será que é mesmo essa a correta definição de amor platônico? Vamos retomar a história da expressão e tentar entender por que a ideia do amor idealizado ganhou sentido e ficou tão atrelada a essa expressão. A verdade é que não tem muito a ver com o que dizia Platão.

A expressão apareceu pela primeira vez no século XV. Na Atenas antiga, Platão havia feito o primeiro tratado ocidental sobre o amor. Quando a cultura greco-romana foi recuperada na Europa, na época do Renascimento, filósofos europeus passaram a ler e a debater seus escritos. Foi nesse contexto que o italiano Marsilio Ficino empregou a expressão pela primeira vez para se referir, em meios acadêmicos, ao conceito descrito na obra de Platão.[2]

No século XVII, o poeta inglês Sir William D'Avenant popularizou o sentido de amor não correspondido, de idealização distante e de relação de pouca proximidade. Foi então que o amor platônico foi associado à contemplação da pessoa amada, que é inatingível.

---

2 MACEDO, Monalisa Carrilho de. Marsilio Ficino. Comentário ao Banquete de Platão. Discurso VII – Alcibíades. *Princípios*, v. 22, n. 38, p. 333-360, 2015.

Por muito tempo, para falar de amor platônico, lia-se D'Avenant. Ele entendia que o amor não tinha a ver com o enlace físico, mas sim com uma adoração a um objeto idealizado, quase imaculado.[3]

Entretanto, é preciso olhar de perto o tratado e a filosofia de Platão para entender o que uma coisa tem a ver com a outra e por que se tornaram correlacionadas. Antes de tudo, é importante saber que Platão criou um sistema filosófico comumente chamado de teoria das ideias. Seu objetivo era encontrar a essência de cada coisa, o que a definia enquanto tal. Em outras palavras, Platão não queria descobrir o que era amor em casos específicos – para um pai, para um filho, para um amante, para uma mulher –, na realidade, ele queria encontrar aquilo que definia o amor em todos esses casos, que unia todas essas experiências, a natureza universal do fenômeno. Para isso, ele escreveu o diálogo *O banquete*.[4]

Acontece que, no contexto cultural grego, havia três concepções de amor: *philia*, *ágape* e *eros*.

---

[3] D'AVENANT, William. *The platonick lovers*. Ann Arbor, Estados Unidos: EEBO Editions, 2010.
[4] PLATÃO. *O banquete*. São Paulo: Edipro, 2017.

A primeira dizia respeito a uma simpatia mútua, como uma amizade; a segunda, ao amor abnegado, altruísta e condicional; e a terceira, ao amor sensual, que provoca êxtase e frenesi quando diante do objeto amado. E é principalmente sobre esse último tipo de amor que escreve Platão.

No diálogo *O banquete*, por meio de conversas, o filósofo recria um encontro de Sócrates, seu mestre, na casa do grego Agatão. Lá, estavam alguns dos dramaturgos, políticos e sofistas importantes na época: Fedro, Pausânias, Erixímaco, Aristófanes e Alcibíades. Os convidados combinaram que iriam beber e discursar sobre o amor. O mais belo discurso seria aplaudido e o amigo, saudado como um campeão.

O primeiro a discursar foi Fedro, defendendo o sentimento como uma força capaz de mover o céu e a Terra. Para ele, Eros, o deus do amor, era uma velha divindade, responsável por tirar a prudência do amante e fazê-lo mover mundos e fundos para conquistar o objeto amado. O amor, então, transformaria o nada em tudo. Daria sentido ao caótico e ao vazio e à vida de quem é tomado por tal sentimento.

O segundo discurso foi realizado por Pausânias. Ao retomar a imagem da deusa Afrodite, defendeu que o amor tem dois aspectos: um espiritual e outro físico. De acordo com ele, o físico se desgastava ao longo do tempo, assim como tudo no mundo material. Porém, o imaterial sobreviveria ao tempo e viveria para todo o sempre.

O terceiro orador foi Erixímaco, um médico de profissão. Ele concordou com a dualidade do amor, tal como defendido por Pausânias, mas acreditava que o amor era uma força cósmica presente em tudo o que existia; era o sopro de vida que animava todo ser vivo. E mais: defendia a existência de um amor sadio e um enfermo. O primeiro buscaria coisas boas e belas. O segundo, coisas feias e ruins, como os vícios.

O quarto discurso foi do grande comediógrafo Aristófanes. Em uma bela narrativa, ele explicou como, em tempos imemoriais, as pessoas foram divididas e, então, passaram a viver em busca de sua metade. Essa concepção foi corroborada por exemplos interessantes da própria Grécia Antiga. O mais significativo exemplo tomado foi o relato de que o Batalhão Sagrado de Tebas reunia 150 casais masculinos, organizados pelo comandante Górgias, para que, no campo da batalha, os soldados lutassem com mais ardor porque deveriam proteger o amado, sem o qual não poderiam continuar a viver. Outro exemplo oferecido foi o da relação entre o lendário Aquiles e Pátroclo, seu protegido, cuja morte Aquiles vinga depois que Heitor, o príncipe de Troia, deixou seu cadáver sem enterro para ser comido por animais.

Agatão, o polêmico anfitrião, foi quem realizou o quinto discurso, retomando a fala de Fedro. Mas, na sua visão, Eros não era um deus velho, mas sim jovem, alado e cheio de vigor. Agatão fazia referência a Cupido, que lança suas flechas indiscriminadamente e cria paixões sem sentido. Para ele, portanto, o amor não tinha qualquer explicação, mas dava ânimo aos apaixonados.

O próximo a discursar foi Sócrates, o homem que, segundo o Oráculo de Delfos, era o mais sábio de toda a Grécia. O filósofo explicou que aprendeu sua teoria do amor com a sacerdotisa Diotima de Mantineia. De acordo com ela, Eros era filho da deusa da escassez, Pênia, e do deus do recurso, Poros. Do pai, Eros herdou a engenhosidade; da mãe, a incompletude e o desejo insaciável. Grosso modo, nessa teoria, o amor nada mais era do que uma artimanha para buscar aquilo que não temos, o belo e o bom.

E, como a coisa mais bela é a sabedoria, o amor estaria sempre em sua busca.

Por fim, o sétimo discurso foi proferido por Alcibíades, discípulo de Sócrates, que nada mais fez do que uma declaração ébria de admiração e amor por seu mestre. O filósofo o repreendeu, pedindo que agisse com moderação. Ao final do diálogo, todos haviam caído no sono, com exceção de Sócrates. E este foi o sinal de que era ele o mais sóbrio dentre os homens e, portanto, suas palavras seriam as mais verdadeiras.

Para Platão, o melhor discurso é justamente o de Sócrates. Porém, se retomarmos os discursos, veremos que, em certa medida, a concepção mais presente de amor nos dias de hoje é a defendida por Aristófanes. Ele apela à nossa sensibilidade romântica, que nos induz a acreditar que só nos sentimos completos quando encontramos a nossa alma gêmea.

Mas Sócrates oferece uma lição muito mais valiosa. Se o amor é a força que nos empurra para o que não temos, e o que não temos é o belo e o bom, e sendo a sabedoria a coisa mais bela que existe, o amor quer mesmo é atingir o conhecimento. Assim, o amor é, antes de tudo, um projeto de investigação. É filosofia.

Até aqui, quando falamos de amor, pensamos imediatamente no sentimento sensual e afetivo que o termo carrega. Tal como Aristófanes, acreditamos que a essência do amor é a busca por alguém que nos completa.

O que podemos tirar de lição do diálogo de Platão, entretanto, é que há outros tantos significados para o amor. Para ele, o termo tem muito a ver com a etimologia da palavra filosofia. Filo é originário de *philia* – um dos termos para amor em grego –, e *sofia* significa saber ou conhecimento.

É bem verdade que isso é bem diferente do amor platônico tal como conhecemos hoje, exemplificado pela relação de Clarice e Lúcio. Mas a noção de afeto idealizado não é de todo errada. Como vimos, Platão buscava encontrar a essência das coisas, acessar o mundo das ideias – em seu sentido próprio, do ideal. Mas nada tem a ver com o sentimento cultivado entre casais, amigos ou parentes. E menos ainda com os prazeres do corpo!

Por isso, devemos aprender com o filósofo ateniense que, antes de tudo, não somos seres incompletos: não precisamos desesperadamente encontrar nossa outra metade perdida pelo mundo. No entanto, todos carregamos o desejo por algo que não temos. E, de tudo o que falta a nós, seres humanos, não há nada melhor do que o desejo de aprender o que ainda não se conhece. E a esse desejo também chamamos amor.

CAPÍTULO 7

DO AMOR ROMÂNTICO AO POLIAMOR

Em Verona, uma cidade da Itália, duas grandes famílias viviam em disputa: os Montecchio e os Capuletto. Porém, quis o destino que, num baile de máscaras, o filho único dos Montecchio, Romeu, se apaixonasse pela única filha dos Capuletto, Julieta.

Durante um tempo, os dois mantiveram seus encontros longe dos olhos do mundo, mas o maior sonho do casal era poder se casar. Por isso, pediram ajuda para Frei Lourenço, a quem Romeu se confessava. Sem que as famílias soubessem, Romeu e Julieta se uniram como marido e mulher clandestinamente.

Contudo, logo depois do matrimônio, uma briga entre Teobaldo, primo de Julieta, e Mercúrio, amigo de Romeu, fez com que mais um Capuletto morresse e Romeu acabasse por ser exilado de Verona pelo príncipe, pois sua vida estava em risco.

Desesperada, Julieta voltou a pedir a ajuda do frei, que lhe sugeriu um plano engenhoso. Ela deveria tomar uma poção que a fizesse parecer morta, entretanto, quando acordasse, poderia fugir sem que ninguém soubesse para ir ao encontro de seu amado.

No entanto, o plano não correu exatamente como o esperado, pois as notícias da morte de Julieta chegaram aos ouvidos de Romeu antes que ele pudesse saber que tudo não passava de uma armação. De coração partido, ele voltou a Verona para visitar o túmulo da esposa que, adormecida, não pôde impedi-lo de beber um veneno realmente fatal. Quando finalmente acordou depois do efeito da poção que tinha tomado, Julieta encontrou Romeu morto a seu lado. Então, desolada, matou-se com o punhal de seu amado.[1]

---

1 SHAKESPEARE, William. *Romeu e Julieta*. São Paulo: Companhia das Letras, 2016.

Todos conhecem a história de Romeu e Julieta. Escrito por William Shakespeare, famoso dramaturgo inglês do século XVI, o romance tomou conta do imaginário popular e vive até hoje. Em poemas, filmes, séries, esculturas e pinturas, há, de uma maneira ou de outra, a representação do tipo de amor eternizado por esses dois grandes personagens: o amor romântico. Oriunda de uma tradição de romances trágicos, a história de Romeu e Julieta ganhou fôlego e inspirou tantas outras que moldaram a visão que até hoje nós temos de amor.

Atualmente, entretanto, pela primeira vez em muito tempo, o amor romântico tem encontrado um rival à altura. O poliamor é considerado um modelo de afeto pós-moderno, ou seja, nascido no momento atual. Como explica o filósofo francês Jean-François Lyotard, a pós-modernidade é o período em que as ideias modernas – que surgiram no início do século XX – entraram em falência.[2] E, apesar de ter nascido muito antes, a ideia do amor romântico seguiu firme e forte por muito tempo (em certa medida continua ainda hoje).

Antes de avançarmos, vamos dar alguns passos atrás. Será que sabemos exatamente do que se trata a expressão *amor romântico*? É claro que conhecemos inúmeras referências sobre o assunto, basta pensarmos em alguns filmes como *Titanic*, *Uma linda mulher*, *E o vento levou* e praticamente todas as comédias românticas já lançadas. Mas será que conhecemos o verdadeiro conceito por trás dessa expressão?

E para continuarmos a discussão também é importante esclarecermos do que exatamente se trata o poliamor. Há muitas pessoas que encaram o modelo como um "vale-tudo", uma devassidão generalizada. Há também quem ache que é o sinônimo de poligamia ou o resultado de uma revolução sexual que começou no final do século XX. Será que alguma dessas opções está correta?

---

2 LYOTARD, Jean-François. *A condição pós-moderna*. São Paulo: José Olympio, 1986.

De um lado, com o amor romântico, estamos tratando da monogamia e de uma concepção idealista da vida. De outro, com o poliamor, temos uma visão mais fluida que não pode ser enquadrada em padrões culturais engessados, mas que, ao mesmo tempo, vai contra tudo o que consideramos saber e talvez desejemos do amor.

O amor romântico, em sua essência, pressupõe a realização de algo que seria inerente ao ser humano. Em termos mais objetivos, é o reconhecimento de que é possível atrelar o amor a um contrato jurídico (tipo casamento ou união estável), a normas socioeconômicas (dividir compromissos financeiros e constituir patrimônio) e valores morais aceitáveis (em geral, judaico-cristãos, no caso, a união de duas pessoas e, historicamente, entre um homem e uma mulher, em específico).

O filósofo estadunidense Irving Singer, em seu livro *The nature of love* [A natureza do amor], traça um excelente panorama do surgimento do amor cortês, uma espécie de "pai" do amor romântico. O estudo apresenta de maneira consistente como traços importantes da versão mais recorrente e tradicional do amor tal como o conhecemos surgiram na Idade Média e no Renascimento, na Europa Ocidental.

Nessa época, o casamento era um acordo entre famílias, grupos sociais ou clãs. Nada mais do que um contrato social e de interesses que não tinha qualquer relação com o afeto entre os envolvidos no matrimônio. Porém, em obras como *Romeu e Julieta*, de Shakespeare, começou a surgir uma valorização do desejo de um enlace afetivo como fator essencial para que um casamento se concretizasse, subvertendo o entendimento existente na época.

O amor cortês surge, então, como uma invenção do clero medieval para organizar as conquistas dentro da corte. Uma vez que o matrimônio não passava de uma transação jurídica e econômica, e o sexo só servia para a procriação, coube ao clero reorganizar o mundo dos afetos para tentar arrebatar, dos cavaleiros medievais, um pouco de seu desejo sexual. Assim, criou-se um jogo sutil de regras entre a mulher, seu marido e um homem que a cortejava – e finalmente abriu-se um espaço para a sensualidade.

Séculos mais tarde, depois da Revolução Francesa, o amor sensual do cortejo acabou por dominar a concepção de casamento. No século XVIII, o filósofo Jean-Jacques Rousseau defendeu que amor, sexo e felicidade deveriam estar presentes em um casamento.[3] Essa nova articulação, que foi desenvolvida a fundo pelo Romantismo e ganhou espaço ao longo dos séculos, é o que configura o amor romântico que conhecemos hoje: a união entre duas pessoas que se amam e se bastam.

Outro aspecto relevante é que o amor romântico é originalmente heteronormativo. Por ser originário de sociedades cristãs, sua concepção levou em consideração a relação entre um homem e uma mulher cisgêneros e heterossexuais. E, dentro dela, cada gênero ocupa papéis determinados. Não surpreendentemente, esses papéis trazem suas cargas históricas. Homens com carreira e autonomia financeira costumam ser retratados de maneira mais atrativa. Mulheres com quadris mais largos e aspecto jovial encarnam o ideal de fertilidade. Nesse sentido, é correto afirmar que ainda somos assombrados pela noção de que o amor romântico continua a visar ao acúmulo de patrimônio e à procriação.

---

3 ROUSSEAU, Jean-Jacques. *As confissões*. Rio de Janeiro: Nova Fronteira, 2018; *Cartas escritas da montanha*. São Paulo: Unesp, 2006.

Entretanto, com a revolução sexual e os movimentos LGBTQI+ do século XX, isso veio se transformando. O ideário romântico passou a agregar também o afeto entre pessoas do mesmo sexo. Porém, manteve-se como uma relação baseada na monogamia, na qual um indivíduo se une com sua alma gêmea, que o completa.

O poliamor, por sua vez, está pautado num modelo mais realista do mundo. Ele reconhece que a monogamia, ou seu *status* de modelo único e possível, está ligada ao patriarcado patrimonialista e a valores religiosos. Além disso, reconhece o prazer sexual e postula que a liberdade de exercício da sexualidade é um valor individual – portanto, os desejos afetivo-sexuais de uma pessoa não podem ser reduzidos a padrões morais, econômicos e culturais. Daí o termo poliamor, ou seja, amor por muitos (*poli*). Diferentemente do ideal romântico, o poliamor nasceu em um mundo muito mais diverso e, por isso, costuma ser aberto a todo tipo de sexualidade e identidade de gênero.

O cerne do poliamor foi bem definido na década de 1990 pela estadunidense Morning Glory Zell-Ravenheart, a líder de uma comunidade religiosa neopagã, como um modelo não monogâmico consensual e ético.[4] Em razão disso, o poliamor coloca em questão a diversidade da sexualidade humana e as pressões sociais, econômicas, culturais e religiosas que nos impelem a acreditar que o desejo monogâmico é próprio e natural do ser humano.

Porém, é importante entender que poliamor não é sinônimo de poliandria e poligamia. Como vimos no capítulo sobre o amor policonjugal, esses padrões costumam ser determinados de acordo com as necessidades específicas de uma comunidade, ainda que possam nos trazer algumas visões sobre a natureza do amor.

De todo modo, uma das questões fundamentais que separam o amor romântico do poliamor é a instância do desejo. O padrão do poliamor não quer impor a impossibilidade de haver relações regidas por aspectos jurídicos e sociais, mas considera que tais fatores não são primordiais e não possuem o poder de delimitar o encontro afetivo sexual.

---

4 ZELL-RAVENHEART, Morning Glory; ZELL-RAVENHEART, Oberon. *Creating circles & ceremonies*. Rituals for all seasons and reasons. Newburyport, Estados Unidos: New Page Books, 2006.

Em outras palavras, o poliamor ataca a divisão de trabalho sexual que está no coração do amor romântico. Se historicamente o último determina à mulher o papel doméstico da mãe (*mater*) e ao homem o de provedor do patrimônio (*pater*), o primeiro considera que outros relacionamentos, sejam fortuitos ou mais profundos, são normais, enriquecedores e importantes.

Isso não quer dizer que o amor romântico ou a monogamia sejam inteiramente descartáveis. Se forem condizentes com a orientação afetiva das partes, pode ser a melhor escolha para um casal. Da mesma forma, o poliamor também pode sofrer com as opressões do sistema patriarcal, além de sofrer críticas por absorver gramáticas e estruturas de dominação.

Também é importante esclarecer que poliamor não é sinônimo de relacionamento aberto, em que as partes estabelecem uniões nas quais há uma relação prioritária e outras casuais que satisfazem as pulsões sexuais eventuais dos indivíduos. No poliamor, é o fluxo da vida que determina o ritmo das coisas. Não existe relação prioritária, porque o amor está sempre no centro dos relacionamentos. Da mesma forma que não existe objeto sagrado do desejo que seja suficiente para satisfazer uma pessoa, não há desejo sem afeto. O que existe, então, são múltiplos campos nos quais o amor pode florescer.

Compreendemos, então, que existem dois paradigmas que conduzem nossas relações amorosas hoje em dia: o amor romântico e o poliamor. Conforme o conhecemos, o amor romântico encontrou suas raízes na Idade Média, foi criado no Romantismo e, por fim, chegou à contemporaneidade. Ele é definido pela monogamia e pela crença de que uma pessoa é suficiente para nos completar e satisfazer nossos desejos – sejam eles sexuais, econômicos ou afetivos. Por sua vez, o poliamor é a contrapartida nascida no mundo pós-moderno que entende que a diversidade da sexualidade, da identidade e do desejo é inerente ao ser humano e, portanto, não é possível depositar todas as expectativas em uma só pessoa.

É importante notar que poliamor não tem nada a ver com desordem, devassidão ou a satisfação fútil de impulsos sexuais. O poliamor é um padrão de escuta atenta aos desejos humanos, priorizando a afetividade e o encontro amoroso entre indivíduos. Ele ensina que a realidade se impõe aos padrões morais, jurídicos, sociais e culturais. E que o amor nem sempre se encontra em um só lugar.

No ideário romântico tradicional, monogâmico, há uma comunhão entre o casal, na qual realidade e fantasia se aproximam. Há um esforço para aproximar os sonhos e o cotidiano num arranjo emocional que privilegia aqueles cuja orientação afetiva é, de fato, monogâmica. Já o poliamor exige um esforço diferente, que envolve o respeito e a sensibilidade aos desejos e às necessidades do outro.

O fato é que o amor romântico monogâmico acabou por dominar o mundo ocidental porque corrobora com um projeto capitalista de acúmulo de capital e ampliação de patrimônio.

Mas, se desconsiderarmos os fatores jurídicos, econômicos e sociais, qual seria o melhor modelo para um relacionamento amoroso? A resposta é mais simples do que parece. Depende de cada indivíduo e do entendimento de seus desejos. Como sempre, a bússola do amor é o autoconhecimento.

Há pessoas com naturezas afetivas monogâmicas, que se sentem bem em relações conjugais com um único cônjuge. Da mesma maneira, há um enorme número de pessoas cujo desejo e o ímpeto de amar não podem ser satisfeitos por uma só pessoa. E também pode ser que o modelo de amor que guia um indivíduo hoje não funcione durante toda a sua vida. Então, antes de definir parâmetros de relacionamento com alguém, a pessoa precisa estar certa de qual padrão faz sentido para ela naquele específico momento. É também importante que as partes envolvidas, seja na monogamia ou em formatos poliafetivos, estejam todas cientes do modelo adotado na relação.

CAPÍTULO 8

O PRESENTE DO AMOR

Há uma lenda asiática que conta que, no início do mundo, o Imperador Celeste vivia trabalhando, distribuindo planetas no céu e preparando os lugares para pendurar estrelas. Sua filha, a estrela Vega, também conhecida como Orihime, tecia o material mais leve, fino e delicado do Universo, criando as nuvens, as neblinas e os nevoeiros, sempre auxiliando o pai em seu trabalho.

Em um dado momento, ao notar que a filha estava exausta com tantos afazeres, o imperador pediu que ela desse um passeio para descansar e voltasse no dia seguinte. Orihime colocou suas melhores vestes e caminhou pelo rio de estrelas, a Via Láctea. Lá, encontrou um pastor de gado, Altair, também conhecido por Hikoboshi. Juntos, os dois fizeram um lindo passeio. Gostaram tanto da companhia um do outro que a princesa tecelã acabou se esquecendo da hora de voltar para casa.

Preocupado, o Imperador Celeste enviou uma ave mensageira. Mas, toda vez que o pássaro tentava entregar o recado, não conseguia: Orihime e Hikoboshi estavam tão inebriados de paixão que não ouviam nada. Então o imperador resolveu ele mesmo ir atrás da filha – afinal de contas, sem ela, quem fabricaria as névoas, as neblinas e os nevoeiros?

De volta para casa, Orihime estava tão triste que não conseguia fazer nada. Com pena, o pai resolveu propor à filha um acordo: se ela voltasse a tecer, poderia rever o pastor uma vez por ano. Mas tinha ainda uma condição: no dia de seu encontro, os dois deveriam atender a todos os pedidos feitos na Terra. Orihime ficou muito feliz com a notícia, e Hikoboshi pulou de alegria ao receber a mensagem! Desde então, o Japão e outros países asiáticos celebram o Festival das Estrelas, no qual as pessoas enviam suas preces ao casal.[1]

---

1 LENDA asiática do Imperador Celeste. Disponível em: <www.japan-suite.com/blog/2014/7/6/tanabata-story-of-two-star-crossed-lovers> e DOWASHU, Fukumusume. *Tanabata Story*. Disponível em: <www.youtube.com/watch?v=F9_9MM85z6I>. Acesso em: 30 out. 2019

O que a história de Orihime e Hikoboshi pode nos ensinar sobre o amor? Para compreender melhor, precisamos nos lembrar das quatro nobres verdades do budismo. A primeira afirma que todas as experiências são insatisfatórias. A segunda dita que essa insatisfação existe devido às expectativas que projetamos em nossas experiências. A terceira sustenta que a causa desse sofrimento é o desejo, pois ele nunca é saciado. Por fim, a quarta ensina que um método para viver em liberdade é não buscar a felicidade onde ela não existe. E essas verdades também devem ser aplicadas quando o assunto é o amor.

Imagine uma situação em que um homem se casa com uma mulher que considera linda. Apaixonado, ele sempre elogia a pele, o perfume e o corpo dela. Porém, ao conviver com ela no dia a dia, passa a se ater a algumas particularidades que ainda não tinha observado, como rugas no canto dos olhos, o mau hálito pela manhã e o cabelo desgrenhado ao acordar. Com o tempo, ele passa a se sentir menos atraído pela esposa, que, por sua vez, sente-se pressionada a atender um padrão de perfeição. O que você sentiria se estivesse com alguém tão apegado às aparências? Que só se sente feliz com a mulher ou o homem "perfeito"?

Esse exemplo nos mostra que o amor não combina com a estagnação. Ele só prolifera na abertura às mudanças. Se vivermos apegados às coisas como elas são em dado momento, sentiremos repulsa quando elas inevitavelmente vierem a mudar ou se revelar diferentes do que imaginávamos. E, como mencionado anteriormente, isso hora ou outra vai acontecer, pois, como ensinou o filósofo grego Heráclito de Éfeso, nunca podemos tomar banho no mesmo rio.[2] Em outras palavras, tudo muda sempre.

Mas então isso significa que só nos resta deixar as coisas fluírem indiscriminadamente com base na sabedoria de que nada é garantido? No contexto

---

2 HERÁCLITO. *Fragmentos contextualizados*. Biblioteca de autores clássicos. Lisboa, Portugal: Imprensa Nacional, 2005.

budista, o amor é um exercício de cuidado que não pode ser confundido com apego, muito menos com desapego.

Em Mianmar, conta-se que, uma vez, uma mãe de três filhas deu a uma delas uma moeda para que comprasse um litro de óleo. A menina foi até o mercado, comprou o óleo e, na volta, tropeçou, derrubando metade da garrafa. Em meio a lágrimas, contou tudo para a mãe assim que chegou. A mãe, então, pediu que outra filha voltasse à venda e comprasse mais óleo. No caminho de volta para casa, aconteceu-lhe a mesma coisa que havia acontecido à irmã, mas a garota, por sua vez, voltou para casa saltitando e gargalhando. Por fim, a mãe mandou a terceira filha, e o mesmo se repetiu, porém dessa vez a garota voltou para casa sem choro nem riso, dizendo à mãe: "Salvei metade, perdi metade. Será preciso trabalhar para comprar o que falta".

Esse pequeno conto ilustra o fato de que há pessoas com dificuldade de lidar com a perda e outras que não ligam muito para isso. Mas o caminho do meio, e o mais sensato, é buscar compreender atentamente o que se foi e o que ficou e aceitar o que deve ser feito a partir de então.

A mesma lição pode ser tirada da história de Orihime e Hikoboshi. Diante da condição de só poderem se ver uma vez por ano, o ideal não é o casal lamentar ou esbravejar, mas sim fazer com que seu encontro anual seja sempre especial.

Da mesma maneira, os casais devem apreciar cada momento que passam juntos, porque ele é raro – para nós, que não somos deuses, basta lembrar que o tempo passa depressa.

Buda explica que há duas forças na vida: uma que une e outra que separa. E nós agimos, quase sempre, de acordo com elas. Ou tomamos uma atitude porque não gostamos de algo ou porque queremos que algo seja mantido. O problema é que o tempo é sempre implacável, e vivemos em estado perpétuo de impermanência.[3] Como diz a letra da canção: "Nada do que foi será do jeito que já foi um dia".[4]

---

[3] HANH, Thich Nhat. *A essência dos ensinamentos de Buda*: transformando o sofrimento em paz, alegria e libertação. Petrópolis: Vozes, 2019.

[4] SANTOS, Lulu; MOTTA, Nelson. *Como uma onda*. Rio de Janeiro: Warner Music Group, 1983. LP.

Entendemos, então, que um dos maiores obstáculos do amor é a fantasia do desejo de eternidade. Temos uma tendência de querer que as coisas que nos dão prazer durem para sempre, mantendo o mesmo frescor e beleza do início, o que acaba sempre por levar ao sofrimento. Sendo assim, o importante é que o aqui e o agora sejam experimentados em toda a sua plenitude, com a máxima atenção possível e sabendo que jamais vão se repetir, porque nenhum momento é igual ao seguinte. O amor está na capacidade de experimentar o presente em sua integridade.

Com esse entendimento, menores são as chances de cairmos nas armadilhas do apego e da aversão – ou do ciúme e da falta de cuidado. Como ensina a monja Jetsunma Tenzin Palmo, às vezes amamos alguém porque queremos que nos faça feliz. Mas o amor verdadeiro significa que também desejamos a felicidade da outra pessoa – estando do nosso lado ou não.[5] Amar é querer que o outro se sinta pleno e bem consigo mesmo.

---

5 PALMO, Jetsunma Tenzin. *No coração da vida*. Teresópolis: Lúcida Letra, 2018.

Da mesma maneira, o desapego infertiliza as possibilidades de o afeto se proliferar. Quantas vezes não nos afastamos de alguém porque não nos sentimos acolhidos e ouvidos? É muito importante sabermos cuidar de quem queremos perto para que a pessoa não acabe se afastando. Ao mesmo tempo, é preciso ter em mente que cuidar de alguém não é o mesmo que enredar a pessoa em nosso novelo de inseguranças, mas sim fazê-la sentir-se bem com quem ela é.

Quando o assunto é encontrar um lugar entre a vontade de querer estar junto para sempre e de não criar laços, o segredo é ouvir o conselho de Buda: siga o caminho do meio.

Aprendemos com o budismo que há duas forças que governam o mundo: a do apego e a da aversão. E nós tomamos decisões na vida de acordo com o que nos atrai e nos dá repulsa. Porém, é preciso tomar muito cuidado para não confundir nenhuma delas com o amor.

O apego é o desejo de que as coisas permaneçam sempre as mesmas, como se vivessem em eterna juventude. Mas o tempo passa, e as mudanças são inevitáveis. Da mesma maneira, não é possível viver o amor se não estivermos abertos às mudanças e não cultivarmos o cuidado e a valorização do outro.

A história de Orihime e Hikoboshi também nos ajuda a ilustrar esse aprendizado. O casal estelar podia se encontrar somente uma vez por ano, e, por não poderem estar juntos a todo momento, o dia do reencontro tornou-se muito especial para ambos, transformando-se em um festival dedicado às estrelas até hoje comemorado.

Amar de verdade exige cultivar cada momento vivido em conjunto, sabendo que nunca será parecido com o próximo. Se o apego e a aversão fazem parte da vida, é melhor que se prefira o caminho do meio, uma média entre um e outro, aceitando o que se foi e debruçando-se sobre o que fica. Se o amor é um presente, nunca se esqueça do presente do amor.

CAPÍTULO 9

VITÓRIA-RÉGIA

Na mitologia tupi, a deusa Lua, conhecida como Jaci, tinha o poder de despertar paixões e gostava de transformar as mais belas virgens em estrelas, alçando-as ao céu e fazendo-as brilhar.

Uma linda jovem, chamada Naiá, sonhava em ser escolhida para viver ao lado dela. Apesar de ter a idade certa, a vez de Naiá não chegava nunca. Durante a noite, ela subia nas árvores, escalava as colinas, andava de um lado ao outro, sempre acompanhando Jaci, na esperança de que finalmente fosse chamada.

Até que, em uma noite, para sua alegria, Naiá viu que Jaci estava nas águas do rio. Sem pensar duas vezes, mergulhou fundo atrás da deusa. Mas a Lua não estava lá, apenas o seu reflexo, e Naiá acabou se afogando nas águas do rio. Ao assistir a tudo isso de longe, Jaci se comoveu e resolveu transformar a menina em uma estrela do rio, a vitória-régia, que durante a noite acolhe e beija os raios lunares.[1]

---

[1] ALMEIDA, Rossana Tavares de. *A transformação da mulher nas lendas indígenas da Amazônia*. Percursos semióticos de sentido. 104 p. Dissertação (Mestrado em Letras) – Centro de Ciências Humanas, Letras e Artes, Universidade Federal da Paraíba, João Pessoa, 2018; FOCA na História. *A lenda da vitória-régia*. Naiá e Jaci. Folclore Brasileiro #02. Disponível em: <www.youtube.com/watch?v=JHc8gl5uWy4>. Acesso em: 30 out. 2019.

O mergulho de Naiá no rio em sua busca desesperada por Jaci diz muito sobre a experiência de amar. Para encontrar Jaci, a jovem se arrisca, mergulha em águas profundas e, por fim, transforma-se, voltando à vida como flor, recebendo uma nova oportunidade de viver. O percurso de Naiá é a jornada que trilhamos quando nos enveredamos pelo caminho do amor.

O início do mito tupi fala sobre o começo de todos os relacionamentos. Ao confundir o reflexo com a própria Lua, Naiá cai na cilada de procurar o que não existe, de confundir a fantasia com a realidade, de habitar num mundo do sonho, da imagem, do devaneio.

Nas histórias, as águas também representam as emoções. Ao mergulhar profundamente nelas, Naiá está se entregando ao mundo dos afetos que, como vimos anteriormente, é capaz de distorcer a realidade. No entanto, quando emerge, ela se transforma em uma planta que curiosamente possui duas partes: uma interna, submersa na água; outra externa, virada para o céu. E é assim também com os relacionamentos amorosos, um lado virado para os sonhos e outro para a realidade.

Podemos pensar, com isso, que um encontro amoroso é um convite para a mudança. O amor possui a capacidade de fazer com que o amante se transforme, cresça, torne-se mais potente – tanto quanto uma vitória-régia, uma das maiores flores que existem.

Outro aspecto da história que é muito curioso é o fato de que Jaci gostava de levar ao céu somente as jovens belas. Isso nos faz pensar que Naiá talvez não fosse bonita o suficiente para a deusa. Jaci escolhia suas companheiras pela aparência, e só valorizou Naiá quando se deu conta do tamanho do amor que a jovem tinha por ela.

Pois bem, se a aparência era um pré-requisito para escolha das jovens que se transformavam em estrelas, Jaci não levava em conta o processo da experiência amorosa, representado pela transformação de Naiá em vitória-régia, uma "estrela orgânica".

O amor de Naiá por Jaci nos informa uma lição simples e antiga: as aparências enganam. É por isso que o amor à primeira vista é tão controverso: o amor verdadeiro, assim como a relação entre Jaci e Naiá, não se reduz à instância da paixão, mas a ultrapassa.

Outra interpretação possível é considerar que Naiá tinha de passar por uma experiência profunda – um sacrifício – para só então conseguir conquistar a amada.

Esse conto nos mostra perfeitamente a trajetória de um amor, o ciclo de morte-renascimento. Se o amor transforma, como observamos acima, ele muda tudo. Quando Naiá cai dentro do rio, ela é tomada por completo pelo sentimento, que a sufoca – ou melhor, afoga –, trazendo a sensação de morte. Então, como evitar que isso aconteça? Como se prevenir do sufocamento pelo amor? Através das mudanças.

Em certo sentido, ao se transformar em vitória-régia, entendemos que Naiá correu um risco, lançou-se de cabeça no amor e percorreu o labirinto do fundo das águas – que nada mais é que mergulhar em si na busca pelo outro. Ela, então, teve que enfrentar o desafio de amar, que era muito mais exigente do que o de ser escolhida para se tornar estrela. O amor também está relacionado à nossa capacidade de entrega.

O que entra em questão aqui, portanto, é também uma mudança de perspectiva e de postura em relação ao mundo. Qual é a atitude correta para amar e ser amado? Perder o controle? Lançar-se no inesperado cujo caminho não se conhece? Naiá é a invocação da habilidade de estarmos aptos para encarar o amor.

Inicialmente, o olhar que Naiá lança à Lua faz com que ela perambule pela floresta, subindo em árvores e colinas. Não é um olhar fixo, ela não encara, mas também não é tímido, mantém o foco em sua amada. É um olhar que se impõe, mas não vacila.

Esse movimento nos indica que, por um lado, é da natureza do amor se colocar de maneira firme. Mesmo rejeitada por Jaci, Naiá persiste, procura pela amada e não desiste de esperar pela chegada de seu dia. Por outro lado, ela não se deixa levar pela palavra de ordem e permite ser transformada. E é curioso que, ao virar flor, Naiá passa a brilhar diante de Jaci, e não uma estrela a mais ao lado de tantas outras.

Isso se dá porque o encontro amoroso entre duas pessoas modifica completamente a maneira como elas vivem suas vidas. Dele, surge uma equação inesperada, que não respeita condições predeterminadas, que exige coragem para enfrentar o desconhecido das profundezas das águas. Amar exige que se esteja disposto a ser, sentir e viver o mistério. E, nessa caminhada, é inevitável que nos transformemos em outra pessoa.

Porém, há de se tomar cuidado com o afogamento. O amor é tão inebriante que também pode sufocar, e a intimidade pode ser mortal. Na experiência cotidiana, é possível que o amor acabe. Ou que nos deixemos envolver de tal maneira que acabemos por nos dissolver na relação, especialmente quando somos levados por uma imagem do outro que não corresponde à realidade do objeto amado.

Entretanto, Naiá também nos mostra que, mesmo quando as expectativas não são cumpridas, há esperança e espaço para algo novo. Ela estava obcecada por conquistar seu lugar no céu – mas nunca conseguia chegar lá. Ao virar vitória-régia, contudo, ela encontrou outra maneira de viver com Jaci. Da mesma forma, depois do encantamento, é preciso inventar novas maneiras de estar junto que, ainda que não correspondam ao desejo inicial, mantenham o relacionamento vivo e o salvem da morte.

A vitória-régia é o símbolo da metamorfose e da transformação por meio do amor. Ela nos ensina o percurso misterioso, arriscado e perigoso de amar alguém. No início, é preciso lidar com o encantamento, mergulhar de cabeça e, por fim, deixar-se transformar. Esse é um mito que nos faz lembrar também do poder da regeneração, da renascença, e de que é possível escapar do sufocamento criando novas maneiras de estar no mundo.

Mas, para isso, é preciso ter abertura, deixar que o outro nos atravesse e provoque mudanças, sem nunca deixarmos de equilibrar o mundo dos sonhos com a realidade que se impõe.

Também é importante ter cuidado com o afogamento, com o deixar-se seduzir por ilusões que atrapalham a intimidade. Uma relação precisa que os amantes também sejam criativos para conseguir atravessar os desafios cotidianos e para que o encantamento e a rotina caminhem juntos.

Por isso, ame como Naiá: busque o amor, arrisque-se, pule no desconhecido, mude. A recompensa é o florescer do amor.

CAPÍTULO 10

A VERDADEIRA FACE DO AMOR

Era uma vez um rei e uma rainha. Eles tinham três lindas filhas. A mais bonita de todas era a caçula, Psiquê, cuja beleza era comparada à de Afrodite, a deusa do amor. Diante da semelhança, muitos passaram a cultuar a princesa, deixando o templo da deusa largado às moscas.

Enciumada, Afrodite resolveu mandar seu filho, Cupido, castigar Psiquê, fazendo com que ela se apaixonasse por um terrível monstro. Naquela época, o rei e a rainha buscavam um marido à altura da filha, mas os homens se sentiam intimidados com tanta beleza e ninguém ousava desposá-la. Sem saber mais o que fazer, os reis decidiram, então, visitar um oráculo, que os aconselhou a levar Psiquê a um rochedo, pois, do contrário, ela acabaria se casando com uma horrível criatura.

Quando a princesa Psiquê chegou à beira do precipício, Cupido apareceu para cumprir sua missão. Ele precisava flechá-la e convocar um ser abissal para satisfazer o desejo de sua mãe. Porém, ao pegar uma de suas flechas, ele se feriu justamente quando Psiquê o viu.

Apaixonado, Cupido decidiu levá-la para viver com ele, pedindo que Zéfiro, o vento, conduzisse sua amada para um castelo de ouro no céu. Ao chegar lá, Psiquê ouviu uma voz misteriosa anunciando que seu novo amante chegaria à noite e que ela deveria esperá-lo no escuro, sem ousar tentar ver seu rosto. Quando Cupido retornou, os dois dormiram juntos.

Com o passar do tempo, Psiquê sentiu saudades da família e pediu para vê-la ao menos mais uma vez. Depois de muita insistência, Cupido permitiu que as irmãs da princesa visitassem o castelo. As irmãs também estavam curiosas para conhecer Cupido, que nas palavras de Psiquê parecia perfeito: cheiroso, de hálito fresco, voz aconchegante e másculo e braços fortes, além de lhe satisfazer todos os desejos. Quando chegaram ao castelo e viram a vida suntuosa e feliz de Psiquê, as irmãs sentiram muita inveja.

Em razão disso, as irmãs acabaram por semear o fruto da discórdia entre o casal, insinuando que Psiquê não deveria confiar em quem não mostra o rosto. Então, um belo dia, ela disse a Cupido que gostaria de vê-lo, mas ele insistiu em não permitir.

Envenenada pelas irmãs, Psiquê se utilizou de uma artimanha e, no meio da noite, acendeu uma lamparina.

Quando viu o rosto do amado, Psiquê se desequilibrou diante do esplendor de sua beleza e se feriu com uma de suas flechas, derrubando óleo em Cupido. No instante em que ele gritou de dor, ela se apaixonou novamente por ele.

Cupido, entretanto, ficou extremamente magoado com a traição da amante e foi embora, dizendo a Psiquê que nunca mais o veria. Aos prantos, ela implorou para que o deus do amor não a abandonasse.

Sem ter mais o que fazer, Psiquê foi ao templo de Deméter, a deusa da agricultura, para se distrair com a colheita. Ao ver a jovem tão abatida, Deméter sugeriu que Psiquê fosse até o templo de Afrodite com humildade para tentar aplacar sua fúria.

Diante do apelo humilde da princesa, Afrodite decidiu que a ajudaria, mas somente se Psiquê cumprisse uma série de tarefas. A primeira delas era separar, em uma única noite, os grãos de milho dos de cevada, papoula, ervilha, lentilha e feijão de toda a colheita.

Psiquê começou a se dedicar à missão que sabia ser impossível, mas acabou dormindo no meio da noite. No entanto, graças a Deméter, formigas apareceram durante a noite e concluíram o desafio por ela. Espantada com o sucesso da menina, na manhã seguinte, Afrodite mandou que Psiquê lhe trouxesse lã dourada de carneiros ferozes.

Mais uma vez, era muito difícil cumprir a tarefa determinada pela deusa do amor. Porém, de novo, Psiquê recebeu ajuda divina. O deus Aqueloo, um deus-rio, instruiu a jovem a subir numa árvore próxima do local onde os animais costumavam beber água, pois ela continha pedaços de lã presos em seus galhos.

De novo espantada com o sucesso da princesa, Afrodite ordenou-lhe que trouxesse água da nascente do rio Estige. Dessa vez, Psiquê estava certa de que não iria conseguir, pois a montanha da qual o rio brotava era tão grande que os olhos humanos não conseguiam ver seu topo. Contudo,

Zeus, o rei do Olimpo, mandou sua águia pegar um pouco da água e entregá-la a Psiquê.

Ciente de que a jovem estava recebendo ajuda de outros deuses, Afrodite deu-lhe uma última tarefa, que deveria realizar sozinha: ir até Hades, deus do mundo dos mortos, e pedir a Perséfone – a sobrinha sequestrada de Hades e deusa das ervas, flores e perfumes – um pouco de beleza. Psiquê, entretanto, não poderia, de forma alguma, olhar dentro da caixa que lhe seria entregue.

O problema era que um mortal só poderia entrar no mundo de Hades se morresse. Então, Psiquê chegou à conclusão de que deveria se matar. Mas, quando seus pés estavam na beira do precipício, uma voz sussurrou em seu ouvido uma alternativa: bastava pagar duas moedas para Caronte, o barqueiro de Hades, na ida e levar pão de cevada com mel para Cérbero, o cão infernal de três cabeças.

Mais uma vez, Psiquê conseguiu cumprir a tarefa. Porém, antes de entregar a caixa a Afrodite, ela fica curiosa com o que poderia ter ali dentro. Então, pensando que se conseguisse pegar um pouco de beleza a mais para si seria capaz de reconquistar seu amado, Psiquê resolveu abrir e olhar o interior da caixa. Mas, ao fazer isso, ela foi envolvida por uma névoa e desfaleceu.

De longe, Cupido observava os esforços de sua amada e, por meio do seu poder restaurador, conseguiu recolocar a névoa de volta na caixa, e a ressurreição de Psiquê foi comemorada com um beijo. Cupido, então, resolveu ir até Zeus para que ele o ajudasse a lidar com sua mãe. Em troca, Zeus exigiu que Cupido flechasse belas mulheres escolhidas por ele. Depois do acerto, Zeus acalmou Afrodite e os dois amantes se casaram. Do matrimônio, tiveram uma filha, Volúpia, o prazer e a alegria do amor.[1]

---

[1] APULEIO. *O asno de ouro*. São Paulo: Editora 34, 2019; NEUMANN, Erich. *Eros e Psiquê*. Amor, alma e individuação no desenvolvimento do feminino. 2. ed. São Paulo: Cultrix, 2017.

Nas representações da Roma Antiga, Eros – o deus grego do amor – é uma jovem criança gordinha e nua, cujas flechas têm o poder de despertar o romance. Mas o que vemos na história é algo que vai além do anjinho alado de cartões de Dia dos Namorados. O mito grego, na realidade, descreve muito bem como a alma humana experimenta o amor.

Para entender isso melhor, vale notar que, em primeiro lugar, o nome da princesa – Psiquê – vem da palavra grega *psykhé* e significa "borboleta", "mariposa", "alento", "sopro" e "alma".

Bem, a "alma", ou a Psiquê, era tão bonita quanto Afrodite, no entanto ela era humana, e Afrodite, uma deusa. Ou seja, a alma é o reflexo humano do amor, uma força divina. O Cupido também simboliza algo importante, pois por meio de suas flechas ele é o veículo pelo qual se dá a materialização do afeto em ato.

E o ato do amor é, grosso modo, a relação sexual. Quando Cupido leva Psiquê para o castelo, os dois dormem juntos – e vivem assim durante muito tempo. Pode parecer estranho, mas, nessa etapa, Psiquê ainda não estava apaixonada, pois era Cupido, e não ela, quem havia sido flechado. O mito começa revelando, então, que uma das maneiras de provar do amor é pela alegria erótica.

Isso fica ainda mais claro na descrição que Psiquê faz do amante às irmãs. Mesmo sem vê-lo, ela descreve características sensuais – os braços, o hálito, o cheiro – e destaca que ele satisfaz todos os seus desejos. O prazer sexual chega a ser tão importante que costumamos nos referir ao sexo como "ato de fazer amor".

Contudo, ao trair a confiança de Cupido, Psiquê deve aprender que o amor também exige cuidado. É no ato de traição ao seu compromisso com Cupido que ela é efetivamente flechada e tomada pelo amor. Mas, ao mesmo tempo que se apaixona, perde o amado.

Então, para tê-lo de volta, ela passa por uma série de provações que simbolizam as condições necessárias para que um amor possa vingar.

A primeira ensina que é preciso aprender a definir as coisas, ter consciência do que se sente. Em outras palavras, "separar o joio do trigo". É importante saber o que se quer – enxergar sentimentos, ideias, desejos com clareza para não semear um relacionamento em meio à confusão. Afinal, uma semente de lentilha germina uma planta diferente do grão de milho.

A segunda remete à virtude da paciência e da estratégia, ou seja, de não se deixar arrebatar completamente pela paixão. O amor precisa de calma. Do contrário, será atropelado por carneiros ferozes, que representam a violência da paixão. Para colher a lã de ouro, não dá para se precipitar, é preciso planejamento para conseguir aquilo que se quer.

A terceira mostra o poder da águia, ave conhecida por voar muito alto e lançar à terra um olhar distanciado. Trata-se da importância de se permitir certo distanciamento e visão de longo alcance, que seja capaz de fazer enxergar e visitar a nascente do amor. Em muitos aspectos, lembra o princípio de um relacionamento, o momento do flerte, quando o afeto ainda está dando seus primeiros passos.

A última traz a experiência do renascimento. O amor transforma uma pessoa completamente. Esse é o significado de Perséfone, que, curiosamente, é filha de Deméter, a deusa que ajuda Psiquê no início de sua aventura: a semente que morre para trazer de volta a vida, pois as plantas devem morrer para adubar a terra e trazer a primavera.

E, por fim, é o próprio amado que a faz despertar para então dar-lhe um beijo. Psiquê percorreu todo esse caminho e aprendeu a importância e a sua capacidade de cuidar de quem ama. Ela é a trajetória de alguém que teve que se organizar emocionalmente para construir um relacionamento amoroso, simbolizado pelo matrimônio, e para começar uma nova vida – tal como uma borboleta que saiu do casulo.

A pergunta que inspirou este capítulo foi: "Qual a verdadeira face do amor?". A história de Cupido e Psiquê nos traz uma resposta simples: a verdadeira face do amor é justamente o equilíbrio entre prazer e cuidado.

Psiquê serve de exemplo para nos mostrar o processo pelo qual passamos quando nos apaixonamos por alguém: no início, o laço que ela tem com Cupido é puramente sexual, determinado por uma fantasia, antes de se tornar, de fato, amor. Porém, ao trair a confiança do amante e, com isso, perdê-lo, Psiquê compreende a profundidade do sentimento. E precisa lutar para conseguir voltar a ver Cupido.

A série de tarefas pelas quais passa Psiquê ilustra muito bem as etapas pelas quais precisamos passar para construir uma relação. Primeiro, precisamos conseguir discernir e separar sentimentos e ideias para ter clareza do que queremos. Depois, precisamos ser pacientes e prudentes para não sermos arrebatados pela violência da paixão. A seguir, precisamos analisar o relacionamento com certo distanciamento, em especial para que consigamos notar o início do amor. Por fim, temos de estar abertos para nos transformarmos e renascermos, preparando-nos para uma nova vida, ao lado de quem amamos.

CAPÍTULO 11

O AMOR E O CIÚME

No início do século XVII, William Shakespeare escreveu aquela que se tornaria, até os dias de hoje, uma das tragédias mais marcantes quando o assunto envolve ciúme, inveja e traição.

Tendo como cenário o sul da Europa, região mediterrânea, no final do século XV, a trama da peça consiste basicamente no personagem do alferes Iago tentando de toda forma se vingar de seu patrão Otelo – um general mouro, negro, a serviço do Estado de Veneza – pelo fato de o general ter promovido o alferes Cássio a tenente, e não o próprio Iago, que se julgava merecedor por já estar há mais tempo no cargo.

A decisão de Otelo teve como base a amizade que tinha com Cássio e também o amor, uma vez que o amigo era um grande aliado em tornar possível o romance entre Otelo e sua amada Desdêmona, uma mulher branca, filha de Brabâncio, um nobre senador de Veneza que não queria o bem-sucedido general como genro em razão de sua cor – o romance era malvisto e proibido na sociedade por razões étnico-raciais.

Fica clara na peça a essência maquiavélica do vilão Iago, que finge lealdade a Otelo, apesar de odiá-lo. O plano de vingança do alferes começa com a tentativa de impedir que o casamento de Otelo e Desdêmona se concretize, mas passa a envolver atitudes mais drásticas quando sua estratégia inicial fracassa.

Iago começa, então, a tecer uma série de intrigas que fazem com que Otelo suspeite que sua amada o estava traindo justamente com seu fiel amigo Cássio. Pérfido que é, Iago tinha plena consciência de que, de todos os tormentos que podem afligir uma pessoa apaixonada, o ciúme é o mais difícil de ser controlado.

Mesmo sem provas concretas, mas com insinuações e armações muito bem articuladas por Iago, Otelo vai se deixando levar pelo ciúme e, aos poucos, enlouquece. Quando já está cego e sem controle de suas ações, o general acaba por sufocar sua amada Desdêmona até a morte. Então, depois de cometido o crime, descobre que nada do que imaginava era verdade. Quando se dá conta do que fez, Otelo não suporta a culpa de ter matado seu grande amor e acaba por colocar fim também à própria vida.[1]

---

1 SHAKESPEARE, William. *Otelo*. São Paulo: Companhia das Letras, 2017.

Em *Otelo*, Shakespeare traz à tona a relação entre os sentimentos de amor e ciúme, que muitas vezes se confundem.

De acordo com Freud,[2] o ciúme é uma emoção bastante natural ao ser humano, e só não o sentem as pessoas que possuem uma vida mental inconsciente bastante perturbada. Então, ao contrário do que muitos pensam, a ausência total de ciúme não é algo que deve ser considerado totalmente positivo. Pelo contrário, não sentir ciúme em situação alguma indica um transtorno, uma anomalia, sendo, inclusive, bastante negativo. A vida mental inconsciente de quem nega por completo o ciúme é certamente conturbada, e suas ações podem ser tão perigosas

---

[2] FREUD, Sigmund. Alguns mecanismos neuróticos no ciúme, na paranoia e no homossexualismo (1922). In: *Além do princípio de prazer, psicologia de grupo e outros trabalhos* (1920-1922). Rio de Janeiro: Imago, 1996.

quanto as daqueles que se veem atormentados pelo excesso do sentimento.

Dessa forma, a primeira lição que devemos tirar da peça *Otelo* é que o ciúme é algo natural, todos o sentimos, e é importante saber assumi-lo. Basta olhar para o triângulo Iago-Otelo-Cássio. Iago tem ciúme de Cássio, que ganhou o posto que ele almejava, e culpa Otelo por isso. Otelo, por sua vez, incentivado pelas armadilhas de Iago, passa a sentir um ciúme doentio de Desdêmona. O fim dessa história poderia ter sido diferente se, reconhecendo seus sentimentos, Iago dialogasse honestamente com Otelo – e o mesmo vale para Otelo e Desdêmona.

Eis aqui o ponto: em uma mente saudável, o ciúme é involuntário, mas a maneira como lidamos com ele é uma escolha.

Em termos psicanalíticos, podemos falar em três tipos de ciúme: competitivo, projetivo e delirante. O ciúme competitivo, considerado o mais natural de todos, acompanha nossa vida desde a mais tenra infância. As pessoas criadas com, pelo menos, uma irmã ou um irmão, involuntariamente já experimentaram o sentimento de ciúme na disputa pela atenção da mãe e do pai, por exemplo.

Segundo Freud, todos nós temos medo do abandono e da rejeição, situações às quais estamos sujeitos durante toda a vida. Assim, ele confirma que, como se ouve dizer com frequência, sentir um pouco de ciúme na relação é normal. Afinal de contas, se esse sentimento nunca se manifestar, é um sinal de que não existe qualquer esforço de demonstração de interesse que possa impedir o desgaste natural do relacionamento.

É verdade que a intensidade da paixão do início de um namoro, por exemplo, tende a diminuir com o passar do tempo: se um casal de namorados pode querer fazer tudo junto nos primeiros três meses de união, quando a paixão – essa fase inicial do amor, que tem o entusiasmo de tudo o que é novo – é intensa, isso talvez mude depois de um ou dois anos. Alguns estudos mostram que o amor apaixonado pode durar pouco mais de doze meses.[3] Conforme o tempo passa, a tendência é que os casais tenham menos interesse em fazer tudo junto. E é nesse momento que entra o ciúme competitivo, que aqui tem

---

3 Amor de paixão acaba após um ano, diz pesquisa. *BBC Brasil*, 28 nov. 2005. Disponível em: <www.bbc.com/portuguese/ciencia/story/2005/11/051128_amorcc.shtml>. Acesso em: 30 out. 2019.

o papel de reaproximar as pessoas. Por causa dele, esforçamo-nos para atrair para nós a atenção do outro, e nesse esforço, que deve ser mútuo, reanimamos o interesse na relação.

Voltando à tragédia de *Otelo*, podemos considerar que o protagonista, inicialmente, sentia um ciúme normal de Desdêmona – que era o competitivo. Porém, como mencionamos, existem ainda outras duas categorias de ciúme: a projetiva e a delirante. E o vilão Iago, tomado de ciúme e – por que não dizer com mais ênfase? – cheio de inveja e de raiva de Otelo, despertou em seu rival as outras facetas desse sentimento.

Quando tomados pelo ciúme projetivo, nós projetamos nossos próprios desejos e vontades na pessoa amada. Então, por exemplo, se enxergamos a nós mesmos como seres capazes de trair, concluímos que nossa parceira ou nosso parceiro também é capaz de nos trair. Em certa medida, psicanaliticamente falando, quanto mais uma pessoa tem desejo de trair, mais o seu sentimento de ciúme aumenta, pois mais provável se torna para ela a chance de o outro traí-la. Uma pessoa tida como ciumenta pode discordar dessa afirmação e dizer que a traição nem passa por sua cabeça, mas é importante termos em mente que estamos tratando de desejos inconscientes. Não podemos perder este aspecto de vista: existem sentimentos inaudíveis que passam por cada um de nós e podem se manifestar através de ações e pensamentos que chegam a surpreender a nós mesmos. Por exemplo, será que uma pessoa que segue o esposo ou a esposa, que hackeia seu computador ou simplesmente dá uma bisbilhotada em seu celular imaginava que um dia faria isso quando se apaixonou?

Até onde o ciúme exagerado pode nos levar? Inevitavelmente, todos já ouvimos alguém dizer algo como: "Eu nunca pensei que fosse capaz de fazer isso". Otelo e Desdêmona, nossos protagonistas, se amavam profundamente e com certeza não imaginavam em sua noite de núpcias que o casamento terminaria com um assassinato e um suicídio. Otelo provavelmente nunca pensou que fosse capaz de matar a mulher que amava.

Entretanto, a psicanálise também argumenta que o amor e o ódio são sentimentos irmãos. Isso quer dizer, para simplificar, que só podemos odiar o que amamos e que, ao mesmo tempo, tudo o que odiamos tem potencial para ser amado. Amor e ódio não são contrários. O inverso tanto do amor quanto do ódio, na realidade, é a indiferença. E, diante do amor que sentia por Desdêmona – e que se transformou em ódio ao ser cruelmente atormentado por Iago –, Otelo não poderia ficar indiferente a ela. Foi sua não indiferença que o fez chegar ao ponto de agir descontroladamente.

Na terceira dimensão do ciúme, a delirante, a pessoa ciumenta involuntariamente projeta um outro na relação amorosa. De acordo com Freud, se tomarmos como referência um casal heteronormativo, o ciúme delirante é homoafetivo, porque a atenção da pessoa ciumenta está mais voltada para a terceira pessoa do triângulo amoroso, por quem inclusive sente admiração, do que para seu próprio parceiro ou parceira.

Um homem ciumento, por exemplo, pode reclamar com a namorada que ela flertou com outro. A mulher talvez nem tenha visto essa terceira pessoa, mas o ciumento sabe descrevê-la perfeitamente, porque foi justamente ele quem prestou atenção e, de alguma forma, admirou o outro. Em outras palavras, o enciumado inconscientemente projeta o rival como objeto de hostilidade e, ao mesmo tempo, de desejo.

Se estivermos de acordo com o pensamento psicanalítico freudiano, o ciúme é inescapável em alguma dimensão. No entanto, devemos saber conviver com ele e entender que esse sentimento só será saudável se não sair da esfera do primeiro tipo, o competitivo.

Um casal que vive um relacionamento amoroso precisa considerar que não possui controle sobre a realidade. E o ciúme, de modo geral, está amparado num desejo radical de controle, uma vontade de ser onisciente em relação à pessoa amada. Acontece que, se não somos capazes de conhecer e controlar nossos próprios desejos inconscientes, como poderíamos ter controle sobre os desejos de outra pessoa?

O fato é que não devemos lutar contra o ciúme, mas aprender a conviver com ele sem permitir que as fantasias mais perigosas transformem o amor em ódio, o carinho em hostilidade. Alguém ainda poderia perguntar: e se as suspeitas do ciúme forem confirmadas? Nesse caso, o cenário se reconfigura por completo, mas podemos supor que a melhor coisa a ser feita é vivenciar todos os sentimentos que a situação presente promove, sem medo e sem culpa – é muito importante experimentar o sofrimento, o sentimento da perda, ou se organizar em busca da reconciliação.

Não existe uma receita perfeita a ser seguida. Mas o maior perigo está em não assumirmos o que sentimos. De novo, o ciúme não precisa ser de todo combatido; basta estarmos conscientes e compreendermos as suas razões. Não podemos evitá-lo, mas, em doses normais, ele não tem contraindicações.

CONCLUSÃO

Depois de tudo o que falamos até aqui sobre o amor, não podemos deixar de tirar algumas conclusões. Para responder à pergunta que dá título a este livro – por que amamos? –, é importante enfrentarmos ainda outra pergunta: qual o segredo da arte de amar? Ou ainda: existe um jeito certo de amar?

A essas questões, muitos podem reagir prontamente afirmando que não existe segredo algum e que cada um ama do jeito que quiser ou acha correto. Entretanto, não existem pessoas que são mais felizes em um relacionamento amoroso do que outras? De certa forma, os capítulos deste livro procuraram demonstrar que algumas maneiras de amar podem, sim, ser melhores do que outras.

Nós nos embrenhamos por explicações científicas sobre o amor, discorremos sobre aspectos culturais, míticos e filosóficos sobre a arte de amar. E tudo isso nos mostrou a importância de termos em mente que o amor é uma arte político-afetiva. Quero dizer, e esta é uma das grandes conclusões deste livro: amar é um ato político, e, como todo fazer político, o amor enfrenta desafios.

Na política do amor, o desafio central está em se relacionar com intimidade afetivo-sexual com uma pessoa que deve ser admirada e desejada. A admiração e o desejo são os dois mais relevantes componentes políticos de qualquer relacionamento amoroso. Defendemos a hipótese de que, sem admiração e/ou desejo, o amor não se torna possível. E, quando sentimos que estamos perdendo por completo a admiração ou o desejo pela pessoa amada, pode-se dizer que estamos diante do fim de um amor.

Mas é importante ressaltar que não amamos todas as pessoas que admiramos, tampouco todas as pessoas que desejamos. Nós podemos admirar e desejar várias pessoas e nem por isso nutrir por elas esse sentimento profundo que é o amor.

A admiração e o desejo são, então, componentes fundamentais para um relacionamento amoroso, mas também não se pode dizer que sejam suficientes para sustentá-lo: é preciso algo mais. É imperativo fazermos uma costura política para que a arte de amar seja bem-sucedida. As pessoas que amam precisam estabelecer acordos que passam por alguns outros fatores, como afinidades de gosto e interesse, atração sexual, compatibilidade psicológica, concepção e projeto de relacionamento, motivos de estresse externo e ciclo de vida e capacidade de conviver.[1]

Vamos a alguns exemplos. O que denominamos de afinidades de gosto e interesse diz respeito, basicamente, a gostar de coisas em comum, tais como assistir aos mesmos tipos de filme, torcer pelo mesmo clube de futebol, gostar de fazer atividades ao ar livre etc. Interesses comuns inevitavelmente aproximam as pessoas, e certamente não será fácil a convivência de um casal que não partilha os mesmos interesses ou possui pouquíssima ou nenhuma afinidade – ainda que, se os outros cinco fatores funcionarem bem, seja possível que esse mesmo casal tenha um bom relacionamento.

O segundo fator é a atração sexual. Se um relacionamento conta com uma vida sexual ativa e satisfatória para ambos, ele tem mais chance de sucesso,

---

1 HANNS, Luiz. *Equação do casamento: o que pode (ou não) ser mudado na sua relação.* São Paulo: Paralela, 2013, p. 25.

pois o sexo aumenta a conexão entre as pessoas. Porém, se todos os outros fatores estiverem em desajuste, a atração sexual não será suficiente para garantir a permanência do amor.

O terceiro fator é a compatibilidade psicológica, que podemos definir como temperamentos e personalidades que funcionam em harmonia. Tomemos como exemplo um casal em que um cônjuge é muito preocupado com a gestão de tempo e a organização do espaço enquanto o outro é desatento. A desatenção e a obsessão por organização não são consideradas defeitos, mas sim traços de personalidade. No entanto, se uma das partes é excessivamente desleixada, enquanto a outra tem a sistematização como prioridade, a louça do jantar ou a faxina que não está em dia serão grandes motivos de tensão para esse casal, atrapalhando o relacionamento.

O quarto fator trata da concepção e do projeto do relacionamento. Se, em uma relação, uma das partes acredita que o modelo ideal de casamento baseia-se no homem provedor e na esposa como dona de casa enquanto a outra parte acredita em uma dinâmica totalmente diferente, o risco de a relação entrar em colapso é muito grande. A mesma coisa vale se, por exemplo, uma das partes deseja uma dinâmica de poliamor, mas a outra não concebe outros tipos de relação além da monogamia: se não entrarem em um acordo segundo o qual ambas as partes fiquem felizes, fatalmente o relacionamento ruirá.

Aqui, não se trata de dizermos qual é o melhor ou o pior modelo, mas da necessidade de o casal encontrar uma concepção comum, em que ambos se sintam confortáveis. Se o projeto de um for muito diferente do projeto do outro, o relacionamento em dado momento se tornará inconciliável.

O quinto fator trata dos motivos de estresse externos e ciclo de vida. Nenhuma relação acontece dentro de uma bolha imune a interferências de fatores externos, e o estresse gerado por tais interferências pode ser decisivo no sucesso ou não da relação. Por exemplo, a proximidade e a intromissão de parentes de uma das partes na vida particular do casal podem despertar um sentimento negativo no outro e, a médio ou longo prazo, tornar a relação desgastada ou mesmo insustentável.

Quando se trata do ciclo da vida, tomemos como exemplo uma relação em que um cônjuge está na fase de turbinar a carreira profissional, ávido por trabalhar, enquanto o outro já se encontra na fase de se aposentar, procurando mais momentos de descanso. Isso pode causar alguns descompassos no relacionamento e, eventualmente, impedir que ele continue funcionando.

O sexto fator diz respeito à capacidade ou às competências para gerir conflitos e conviver um com o outro (ou outros). Nem todas as pessoas possuem as ferramentas necessárias para administrar tensões que acometem eventualmente uma relação, isto é, competências para não transformar uma desavença ou uma pequena discordância em uma guerra infinita. Por exemplo, um casal de namorados pode entrar em choque porque uma parte quer viajar para um lugar tranquilo no Carnaval e a outra quer curtir blocos de rua. Se nenhuma das partes abrir mão e se o casal não considerar a hipótese de que pode passar o feriado separado, o conflito estará instaurado e poderá trazer um enorme desgaste.

Mencionados os fatores que colaboram para reger um relacionamento bem-sucedido, vale a pena retomarmos o conceito previamente apresentado de que amar é um fenômeno político. A combinação de todos esses fatores, inclusive, já nos direciona para a arte da política.

Vamos por partes. A palavra *política* vem de *polis*, termo grego que quer dizer "cidade". De acordo com Aristóteles, o ser humano é um animal político. E a política diz respeito ao poder, à negociação, à gestão de espaços, atos e movimentos. Onde entra o amor? Ora, o amor envolve o poder de fazer a gestão da admiração, do desejo e das inseguranças que rondam os afetos que compõem um relacionamento.

A arte de amar, como vimos, precisa lidar com outros sentimentos, como o ciúme e a raiva, e também com a ética da intimidade do amor. Se a ética é tida como a investigação filosófica sobre a moral, precisamos ter sempre em conta quais princípios morais nós trazemos de nossas vidas para nossos relacionamentos amorosos.

A regra universal defendida há séculos por tantos filósofos e religiões de que temos de agir baseados numa reciprocidade simétrica[2] (ou seja: de que só devemos fazer ao outro aquilo que desejamos que façam conosco) não funciona tão bem quando falamos da arte de amar. Essa afirmação pode ser chocante

---

2 Pregada por hinduísmo, judaísmo, islamismo e cristianismo, a reciprocidade simétrica também foi defendida por pensadores como Confúcio, Lao-Tse, Tales de Mileto, Buda e Santo Agostinho.

num primeiro momento, mas temos de ter em mente que a pessoa amada não pode nunca ser entendida como um reflexo de quem a ama.

Primeiro, vamos partir da ideia de que as pessoas não são iguais. Se uma pessoa decidir fazer para sua parceira ou seu parceiro tudo aquilo que gostaria que fosse feito para si mesma, nós podemos conjecturar que a relação pode caminhar para o fracasso. Tomemos como exemplo o relacionamento entre uma pessoa sádica e uma masoquista. A parte sádica não quer o mesmo que a masoquista, de modo que, se cada parte tratar a outra como gostaria de ser tratada, as coisas obviamente não darão certo. Nesse caso, elas se complementam porque querem coisas diferentes.

A ética da intimidade não deve ser pautada na relação de igualdade, mesmo que a reciprocidade seja um fator de muita importância. Talvez o filósofo argelino Jacques Derrida e a filósofa e psicanalista francesa Anne Dufourmantelle nos ajudem a pensar melhor sobre uma ética da relação amorosa. Juntos, eles teceram uma teoria que coloca a hospitalidade como princípio ético.[3] Partindo desse ponto de vista,

---

3 DERRIDA, Jacques; DUFOURMANTELLE, Anne. *Da hospitalidade*. Tradução A. Romane. São Paulo: Escuta, 2003, p. 15.

podemos entender a pessoa que amamos como uma estrangeira, assim como nós o somos para quem nos ama, de modo que um relacionamento amoroso não é uma experiência entre conterrâneos, mas sim entre estrangeiros. Assim, a relação amorosa pode ser vista como um convite à hospitalidade.

Nós precisamos estar abertos e dispostos a hospedar a outra pessoa. Ela nunca será totalmente compatível conosco, uma vez que é outro ser humano. Por isso, as vontades podem estar em momentos diversos. O que precisamos é ter uma abertura existencial para receber a pessoa que amamos, isto é, assumir que somos diferentes e que a arte do encontro é um esforço que precisa de uma espécie de tradução. O estrangeiro fala outra língua, a pessoa amada tem sua própria gramática. Um bom anfitrião não é aquele que somente apresenta, ou, pior, impõe a sua culinária e os seus costumes, mas aquele que aprende a fazer os pratos favoritos do hóspede e está disposto a aprender cada vez mais sobre sua cultura e seus costumes.

Em resumo, o ato de amar é um acolhimento, gesto que deve ser tomado por ambas as partes – eis onde mora o desafio. A ética do amor admite que acolhamos e sejamos acolhidos de modos diversos. E não podemos simplesmente acolher e hospedar de uma maneira que satisfaça somente a nós. Precisamos fazê-lo partindo do gostar da outra pessoa. É por isso que é imprescindível que aprendamos a língua existencial do outro, o que inevitavelmente nos impõe fazer política.

O fazer político da arte de amar está justamente em negociar constantemente, fazer e refazer pactos. Uma pessoa não pode dizer "sim" uma só vez. A magia de um relacionamento não está no começo com o amor apaixonado, mas na capacidade de se manter junto, caminhando em meio às tramas mais difíceis que as circunstâncias apresentam.

Nós amamos porque precisamos de outra pessoa para percorrer os caminhos da vida, contar e conhecer novas histórias. Nós amamos porque sentimos falta de coisas que não temos e, acima de tudo, porque o nosso desejo busca se saciar no que está fora de nós – e sem desejo a vida seria insuportável. Mesmo que o desejo também seja arquiteto das maiores armadilhas da vida, preferimos viver nos esquivando delas do que num deserto tranquilo em tons pastel.

Por fim, em termos filosóficos, a resposta à pergunta "por que amamos?" é bem simples: nós amamos porque estamos vivos. A vida impõe a vontade de amar. O que nos cabe é encontrar uma boa história para essa aventura.

REFERÊNCIAS BIBLIOGRÁFICAS

Livros e artigos

ALMEIDA, Rossana Tavares de. *A transformação da mulher nas lendas indígenas da Amazônia*. Percursos semióticos de sentido. 104 p. Dissertação (Mestrado em Letras) – Centro de Ciências Humanas, Letras e Artes, Universidade Federal da Paraíba, João Pessoa, 2018. Disponível em: <repositorio.ufpb.br/jspui/bitstream/123456789/13076/1/Arquivototal.pdf>. Acesso em: 30 out. 2019.

AMOR de paixão acaba após um ano, diz pesquisa. *BBC News Brasil*, 28 nov. 2005. Disponível em: <bbc.com/portuguese/ciencia/story/2005/11/051128_amorcc.shtml>. Acesso em: 30 out. 2019.

APULEIO. *O asno de ouro*. São Paulo: Editora 34, 2019.

BARCHIFONTAINE, Christian; PESSINI, Leo (orgs.). *Bioética*: alguns desafios. São Paulo: Loyola, 2001.

BÍBLIA, A. T. Gênesis. In: *Bíblia Leitura Perfeita NVI*. Rio de Janeiro: Thomas Nelson Brasil, 2018.

BUSS, David. Sex differences in human mate preferences. Evolutionary hypotheses tested in 37 cultures. *Behavioral and Brain Sciences*, v. 12, n. 1, p. 1-14, 1989.

COUNCIL, Grey; ZELL-RAVENHEART, Oberon. *Grimoire for the apprentice wizard*. Newburyport, Estados Unidos: New Page Books, 2004.

D'AVENANT, William. *The Platonick Lovers*. Ann Arbor, Estados Unidos: EEBO Editions, 2010.

DERRIDA, Jacques; DUFOURMANTELLE, Anne. *Da hospitalidade*. São Paulo: Escuta, 2003.

DIOP, Cheikh Anta. *Nation negre et culture*. De l'antiqué nègre égyptienne aux problèmes culturels de l'afrique noire d'aujpurd'hui. Paris, França: Presence Africaine, 1979.

FREUD, Sigmund. *Além do princípio de prazer, psicologia de grupo e outros trabalhos (1920-1922)*. Rio de Janeiro: Imago, 1996.

HANH, Thich Nhat. *A essência dos ensinamentos de Buda*: transformando o sofrimento em paz, alegria e libertação. Petrópolis: Vozes, 2019.

HANNS, Luiz. *Equação do casamento*: o que pode (ou não) ser mudado na sua relação. São Paulo: Paralela, 2013.

HERÁCLITO. *Fragmentos contextualizados*. Biblioteca de autores clássicos. Lisboa, Portugal: Imprensa Nacional, 2005.

HOUAISS, Antônio. *Dicionário Houaiss da Língua Portuguesa*. Rio de Janeiro: Objetiva, 2001.

KANT, Immanuel. *Sobre o fundamento da moral*. São Paulo: Martins Fontes, 1995.

KETTLER, Sara. Marilyn Monroe and Arthur Miller had an instant connection, but quickly grew apart once married. *Biography*, 7 jun. 2019. Disponível em: <www.biography.com/news/marilyn-monroe-arthur-miller-relationship>. Acesso em: 30 out. 2019.

KI-ZERBO, Joseph (org.). *História geral da África*. V. 1. Metodologia e Pré-História da África. 2. ed. Brasília: Unesco, 2010.

LACAN, Jacques. *O seminário, livro 8*. A transferência. Rio de Janeiro: Zahar, 1992.

_____. *O seminário, livro 10*. A angústia. Rio de Janeiro: Zahar, 2005.

LE GOFF, Jacques. *São Luís*. Rio de Janeiro: Record, 1999.

LENDA asiática do Imperador Celeste. Disponível em: <www.japan-suite.com/blog/2014/7/6/tanabata-story-of-two-star-crossed-lovers>. Acesso em: 30 out. 2019.

LISPECTOR, Clarice. *Perto do coração selvagem*. Rio de Janeiro: Rocco, 1998.

LIVRO das mil e uma noites. V. 1: Ramo sírio. Tradução Mamede Mustafa Jarouche. 3. ed. São Paulo: Biblioteca Azul, 2005.

LYOTARD, Jean-François. *A condição pós-moderna*. São Paulo: José Olympio, 1986.

MACEDO, Monalisa Carrilho de. Marsilio Ficino. Comentário ao Banquete de Platão. Discurso VII – Alcibíades. *Princípios*, v. 22, n. 38, p. 333-360, 2015.

MACKENZIE, Vicki. *A caverna na neve*. Teresópolis: Lúcida Letra, 2018.

MILLER, Arthur. *A morte de um caixeiro-viajante e outras 4 peças*. São Paulo: Companhia das Letras, 2009.

MONTERO, Teresa. Chama incontida. *Cult*, 12 mar. 2010. Disponível em: <revistacult.uol.com.br/home/chama-incontida>. Acesso em: 30 out. 2019.

MOORE, Carlos. *Racismo e sociedade*. Novas bases epistemológicas para entender o racismo. Belo Horizonte: Nandyala, 2012.

MOSER, Benjamin. *Clarice, uma biografia*. 2. ed. São Paulo: Cosac Naify, 2011.

NEUMANN, Erich. *Eros e Psiquê*. Amor, alma e individuação no desenvolvimento do feminino. 2. ed. São Paulo: Cultrix, 2017.

NIETZSCHE, Friedrich. *Genealogia da moral*. São Paulo: Companhia das Letras, 2009.

_____. *Para além do bem e do mal*. Rio de Janeiro: BestBolso, 2016.

NOGUERA, Renato. A questão do autoconhecimento na filosofia de Orunmilá. *Odeere*, v. 3, n. 6, p. 29-42, dez. 2018. Disponível em: <periodicos2.uesb.br/index.php/odeere/article/view/4328>. Acesso em: 30 out. 2019.

_____. *Mulheres e deusas*. HarperCollins: Rio de Janeiro, 2017.

OLUWOLE, Sophie. *Socrates and Orunmila*. Two patron saint of classical philosophy. 3. ed. Lagos, Nigéria: Ark Publishers, 2017.

OYEWUMI, Oyeronke. *Gender epistemologies in Africa*. Gendering traditions, spaces, social institutions, and identities. Nova York: Palgrave Macmillan, 2013.

_____. *Invention of women*. Making an African sense of western gender discourses. Minneapolis: University of Minnesota Press, 1997.

PALMO, Jetsunma Tenzin. *No coração da vida*. Teresópolis: Lúcida Letra, 2018.

PLATÃO. *O banquete*. São Paulo: Edipro, 2017.

ROUSSEAU, Jean-Jacques. *As confissões*. Rio de Janeiro: Nova Fronteira, 2018.

_____. *Cartas escritas da montanha*. São Paulo: Unesp, 2006.

SCHOPENHAUER, Arthur. *Metafísica do amor. Metafísica da morte*. São Paulo: Martins Fontes, 2004.

SHAKESPEARE, William. *Otelo*. São Paulo: Companhia das Letras, 2017.

_____. *Romeu e Julieta*. São Paulo: Companhia das Letras, 2016.

SINGER, Irving. *The nature of love*. The modern world. V. 3. Cambridge, Estados Unidos: The MIT Press, 2009.

SINGH, Devendra. Adaptive significance of female physical attractiveness. Role of waist-to-hip ratio. *Journal of Personality and Social Psychology*, v. 65, n. 2, p. 293-307, 1993.

_____. Universal allure of the hourglass figure. An evolutionary theory of female physical attractiveness. *Clinics in Plastic Surgery*, v. 33, n. 3, p. 359-370, 1993.

SOMÉ, Sobonfu. *O espírito da intimidade*. Ensinamentos ancestrais africanos sobre maneiras de se relacionar. São Paulo: Odysseus, 2007.

SOUZA, Mário Lúcio. *Biografia do Língua*. Rio de Janeiro: Ímã Editorial, 2015.

WRIGHT, Robert. *O animal moral*. Por que somos como somos? 9. ed. São Paulo: Campus, 1996.

ZELL-RAVENHEART, Morning Glory; ZELL-RAVENHEART, Oberon. *Creating circles & ceremonies*. Rituals for all seasons and reasons. Newburyport, Estados Unidos: New Page Books, 2006.

ZOLADZ, Lindsay. Marilyn and Miller. Star-crossed misfits. *The Ringer*, 19 mar. 2018. Disponível em: <www.theringer.com/movies/2018/3/19/17136620/marilyn-and-miller-star-crossed-misfits>. Acesso em: 30 out. 2019.

Músicas e filmes

DOWASHU, Fukumusume. *Tanabata Story*. Disponível em: <www.youtube.com/watch?v=F9_9MM85z6I>. Acesso em: 30 out. 2019.

... E O VENTO levou [Gone with the wind]. Direção de Victor Fleming. Los Angeles, EUA: Selznick International Pictures, 1939. 238 min.

FOCA na História. *A lenda da vitória-régia*. Naiá e Jaci. Folclore Brasileiro #02. Disponível em: <www.youtube.com/watch?v=JHc8gl5uWy4>. Acesso em: 30 out. 2019.

SANTOS, Lulu; MOTTA, Nelson. *Como uma onda*. Rio de Janeiro: Warner Music Group, 1983. LP.

TITANIC [Titanic]. Direção de James Cameron. Los Angeles, EUA: 20th Century Fox, 1997. 194 min.

UMA linda mulher [Pretty woman]. Direção de Garry Marshall. Burbank, EUA: Touchstone Pictures, 1990. 119 min.

Este livro foi impresso em 2024, pela
Cruzado, para a HarperCollins Brasil. As fontes
usadas no miolo são Comodo, Din e Minion.
O papel do miolo é pólen natural 80g/m².

Eu quero registrar meus agradecimentos especiais para Renata Sturm, Diana Szylit, Bárbara Lindemberg, Clarissa Melo e Luiza Del Monaco. Meu muitíssimo obrigado por lerem todas as versões, acompanharem o processo e aparar arestas com seus preciosos comentários.